社会文化研究

社会文化研究・第26号
2024年

《目次》

特集　生活実践に根差した政策と社会文化

特集にあたって　大関雅弘　5

〔寄稿〕
釜ケ崎という地名が表象するもの
――西成における今宮からあいりん、新今宮に至る地名利用の歴史地理――　水内俊雄　7

〔寄稿〕
井の中の蛙、現場の言葉は届けられるのか。
――釜ヶ崎と飛田のあいだの商店街で一五年働き、そこにいることの言葉のならなさ。もれ。――　上田假奈代　39

〔寄稿〕
釜ヶ崎における「住まわれた記憶」の文化装置とジェントリフィケーション　中保保志　53

〔寄稿〕
ジェントリフィケーションと徒歩圏内の実践
――大阪の〈地域アート〉を手がかりに――　中西美穂　65

〔寄稿〕共助の担い手の組織アイデンティティとその変化
——地域防災活動における連携事例を手掛かりに—— 加野　泉 83

〔寄稿〕コンフリクトの実態と課題 野村恭代 105

論文

農外就業にみるエスニック・アイデンティティ維持のメカニズム
——中国雲南省鶴慶県のペー族1村落の事例—— 雨森直也 119

バトラーはボーヴォワールをいかに誤読したか
——「規範としてのジェンダー」と「自由としてのジェンダー」—— 古川直子 139

研究ノート

奥地圭子と民間教育運動
——『ひと』掲載の授業記録における子どもとの関係性に着目して—— 田中佑弥 159

学会年報『社会文化研究』投稿・編集規約

編集後記・執筆者一覧

■特集　生活実践に根差した政策と社会文化

〔特集にあたって〕

社会文化学会第25回全国大会は、2022年12月3日（土）と4日（日）に大阪公立大学杉本キャンパスで開催されました。大会の全体テーマは「生活実践に根差した政策は可能か？―新自由主義時代における社会文化を問う―」です。社会文化学会の活動における最近の動向として、市民による「下から」の問題解決を目指す取り組みにコミットして具体的な経験次元で「社会文化」を問う研究の増加が挙げられます。そこで、様々な生活実践の取り組みと行政等の政策とのかかわりに焦点を当てて、そこからいま必要とされている「社会文化」とは何か、またそれを形成する意義を明らかにしようと考えました。

大会1日目のシンポジウムは、「釜ヶ崎の歴史的変貌をジェントリフィケーションとのかかわりから捉える」というテーマで行われ、「生活実践に根差した政策」を釜ヶ崎に即してジェントリフィケーションの視点から検討しました。報告者は、大阪公立大学の都市研究プラザで活躍されている水内俊雄さんと釜ヶ崎の「まちづくり」の中心ともいえる「ココルーム」を主宰している上田假奈代さんです。本学会からは、中俣保志さんと中西美穂さんがコメンテーターとして参加しました。2日目の課題研究では、「社会文化活動の条件を考える―震災復興・防災におけるまちづくり―」をテーマにして、「まちづくり」の生活実践を野村恭代さんは「コンフリクト」に、また加野泉さんは「連携」にそれぞれ焦点を当てて報告がなされました。震災復興・防災への取り組みが、行政の政策とのかかわりによって、「まちづくり」を困難にする側面と促進する側面が議論されました。

本特集は、以上のシンポジウムと課題研究に登壇した6名の論稿によって構成されています。水内論文は、人文地理学を専門にする立場から、釜ヶ崎が歴史的、地理的にどのように形成されたのかを詳述しています。釜ヶ崎は「自然」にできたのではなく、地理的条件のなかで歴史的な偶然と政策的な意図とが重層的に絡み合って「つくられた」のです。次にこれを踏まえて釜ヶ崎のいまが語られます。その核にあるのは、釜ヶ崎の「パワー」についてです。この「パワー」の源泉は、まさしく歴史的、地理的に形成されたこの地の固有性に根ざした人々の営みにあります。政策サイドからの「まちづくり」がこの「パワー」に対応するものであらざるを得ないとともに、民間サイドからの様々な活動がこの「パワー」を活性化させています。そうした動態のなかでジェントリフィケーションを捉えるべきだというのです。その民間サイドからの「パワー」の一端を上田論文が鮮やかに描きだしています。「喫茶店のフリをして」活動を始めた「ココルーム」が現在に至るまでの経緯を釜ヶ崎の社会状況の変化を踏まえながら述べています。詩人でもある上田さんが大切にしているのは、表現することを可能にする場をつくることです。その場に様々な人が集まってきて出会いが生まれ連鎖していくのです。また男の世界である釜ヶ崎をジェンダーの視点から軽妙なタッチで語っている内容も見逃せません。

中俣論文では、「資本の編成や政策的都市計画的な」ジェントリフィケーションに対して「対抗性・自生性の高い取組」としての〈ジェントリフィケーション〉を対置します。これに基づいて、水内報告を踏まえて釜ヶ崎の「地理的基層と都市社会学的な課題認識を確認」するとともに、上田報告から『住まわれ・住まう記憶』との回路を持ち続ける活動としての意義を確認」することによって、〈ジェントリフィケーション〉が持ちうる「社会力の条件」を検討しています。「ココルーム」の取り組みを「住まわれ・住まう記憶」という「歴史と記憶の継承」から捉える視点は、とても示唆に富んでいます。中西論文では、「釜ヶ崎芸術大学」の取り組みを、大阪の〈地域アート〉という広い枠組みのなかで捉え、「都市空間におけるジェントリフィケーションとアートの関りは分断や創造など多義的であることを前提」にしつつ、「地域で行われるアートは政治性を後景化しているとの捉え方と異なる可能性があること」を追究しようとします。この点で、「釜ヶ崎と言う名前の持つ、政治性や文化みたいなものが、蓋されるのは、やっぱりちゃうんちゃうかな」、「表現とかアートとかいっている私たちが、釜ヶ崎って名乗ることによって、この町の持ってきたものを、次に渡すことができるんではないか」という上田さんの言葉の紹介は、とても興味深いです。

加野論文は、名古屋で地域防災活動をする市民団体が行政や社会福祉協議会と「連携」することに成功した事例を紹介しています。設立当初の行政との対立を乗り越えて「連携」にいたる過程で、市民団体が地域住民に対して「顔の見える関係を広げる」こと、また活動を通じて市民団体自身が「組織アイデンティティ」を獲得していくことの重要性が説かれています。野村論文は、「コンフリクト」を契機にして合意形成にいたること、そこに導くための方法として「リスクコミュニケーション」を援用したコミュニケーション手法ついて説明しています。こうした研究の背景には、「まちづくり」において地域住民と行政とのあいだで生じる「コンフリクト」に対して、新たな視点から取り組む必要があるという問題意識が存在しています。

生活実践の取り組みと行政等の政策とのかかわりに焦点を当てて、具体的に「社会文化」の今日的な意義を考えるというテーマに、本学会が意識的に取り組んだのは初めてのことです。今回の特集を契機にして、さらに議論を深めていくことができればと思います。

（大関雅弘）

〔寄稿〕

釜ヶ崎という地名が表象するもの

――西成における今宮からあいりん、新今宮に至る地名利用の歴史地理

水内俊雄

一．種々で多様な地名表現の成り立ちを考える

JR、南海の交差する新今宮駅、地下鉄の大動脈御堂筋線の動物園前駅と近接し、堺筋線とも交差する交通の至便の地は、インバウンドの国際観光客の宿泊も多いこともあって、新今宮界隈として相当名が知られてきた。西成特区構想の地域ブランド向上の取り組みの中で、公募事業の成果として、「新今宮ワンダーランド」構想が打ち上げられた[1]。その構想図は、六つの聖地からなる曼陀羅で表現された。この地の多様で複雑で混沌とした状況を描くにはうってつけだし、そのアイデアに舌を巻いた。新今宮という地名は新たな地域イメージを作り上げることが可能であるとの予感を強く抱いた。

ところで、新今宮駅周辺において、筆者自身、釜ヶ崎、西成、あいりん地域とそれぞれの論文で地名を使い分けてきた。というのも地名を使うのに気遣いが必要で、研究者のポジショナリティをこれほど問われる地はそうは存在しないからであった。この地のワンダーランドでいう「労働の聖地」において、過去から現在、そして将来を予測していく上で、他の聖地との関連も生かしつつ、一定の歴史地理的系譜やそれに対する見解を述べねばならないという任務の必要性を常に感じていた。この種々の地名の成り立ちやその示す範囲について、これだけを対象とした研究がなかったということもあり、この執筆機会を利用して、現代の釜ヶ崎や西成から遠く遡り、この地の地名の取り上げられ方やその変遷について少々紙

数を取って説明することから始めたい。

まずは新今宮という駅名にこだわってみたい。大阪の街を利用する人々にとって、キタとミナミという梅田界隈、難波・心斎橋界隈が代表的な地名となるが、基本的に駅名でイメージすることが多い。大阪の都市空間構造の地名からみた花形は地下鉄（Osaka Metro）御堂筋線の駅名にある。もうひとつに地味ではあるが近年目立ち始めた大阪環状線がある。都心部を貫く御堂筋線と、それをとりまくインナーリングを走る大阪環状線の持つ意味については、拙稿（水内二〇二三）で述べた。インナーリングは都心と郊外を結ぶ交通の結節点であり職住分離の俸給生活者の利用が進み、同時に明治以降の工業化という観点から工場労働者の集住も見られたところであり「移民都」の舞台でもあった。

この都心とインナーリングの結節点を生み出すのが環状鉄道の駅の役割であり、東京の山手線は実に見事に副都心駅がその役割を果たした。ところが大阪の場合は大阪市の都市開発の文脈で東京とはかなり異なった環状鉄道の性格を有することになる。その最たる事例が、新今宮駅に当たる。本稿の地名にこだわる主旨に従えば、新今宮という駅名が環状鉄道の中で、大変遅れた登場となったことにある。図1は、大阪環状線各駅に接続、あるいはごく近接する駅の登場年を比較して描いたものである。戦前の省線（鉄道省）や国鉄が都市交通として本格的に参入するのは一九三三年の電車化してからであった。その時期を黒枠で太く描いているが、この図1の上側、環状線の西側において新今宮駅の登場は一九六四年であり、芦原橋駅の登場の一九六六年の二年前であるが、弁天町、大正の一九六一年の環状線開通による開業に伴ってできたものである。それ以外の駅に比べて環状線での登場が遅かったことが第一の特徴となる。

第二の特徴は、これは大阪環状線と山手線との大きな違いになるが、まずは市電がすべての駅において先行開業していることにあり、それとほぼ同じくして、私鉄が進出している。明治後期から大正期にかけて、環状鉄道が東半分は非電化の城東線としてほとんど存在意義を見せていなかったのに比し、一九二〇年代に市電と私鉄で大阪市の都市交通体系を築き上げたことである。これは東京とは大きな違いといえる。駅名のペアーにおいて、環状線の大阪は私鉄の梅田、天満は市電の扇町、京橋は

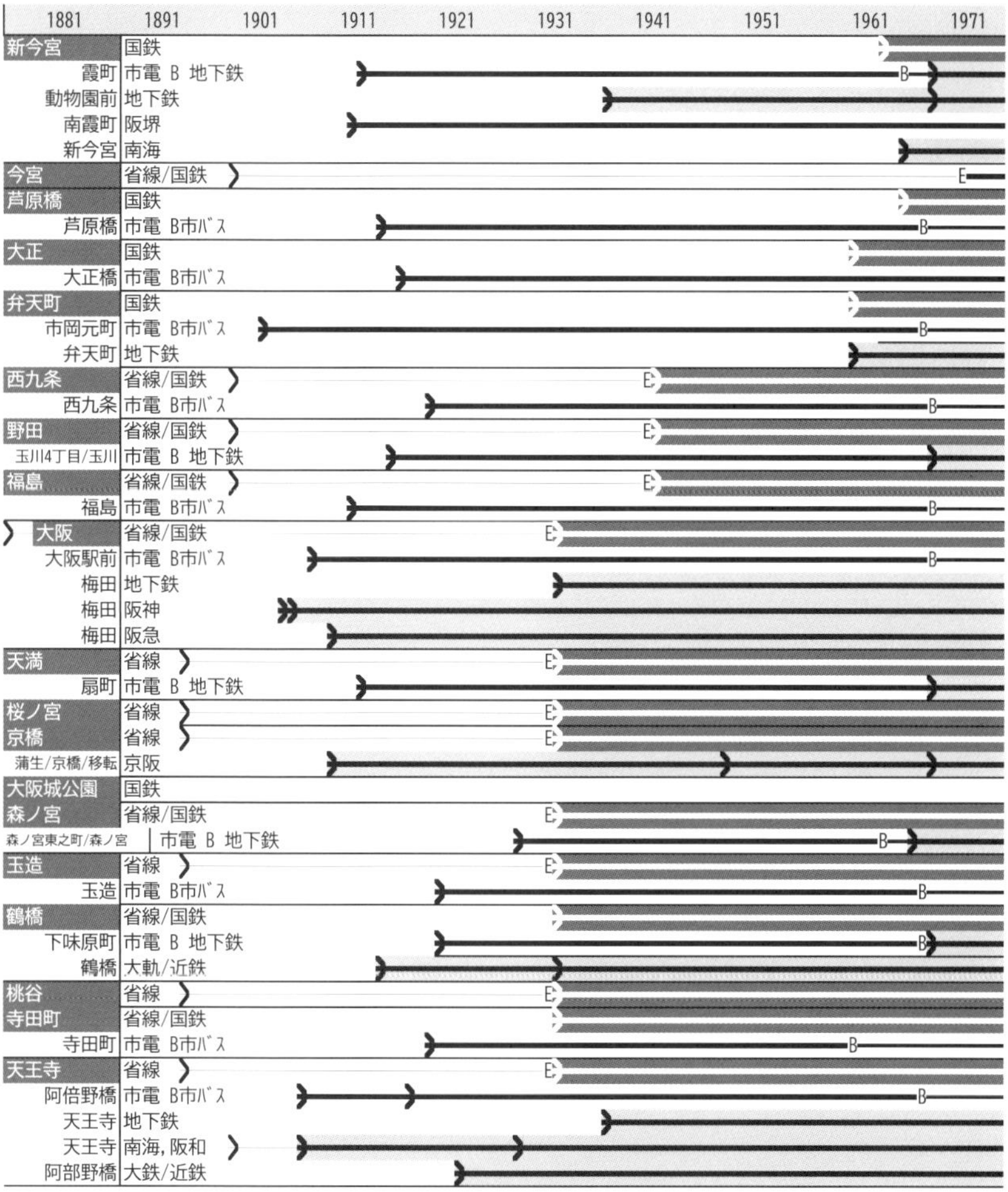

図１　大阪環状線各駅からみた鉄道開設の系譜　注：E は電化を示す

京阪の蒲生、鶴橋は市電の下味原町、天王寺は市電の阿倍野（あべの）橋、私鉄の阿部野橋、野田は市電玉川四丁目となっていた。図１にあるように一九三三年に城東線が高架複線電化で一躍都市鉄道として存在感をようやく発揮し、時期を同じくして近鉄（当時大軌）鶴橋を交差点に移動し、省線側に鶴橋駅を新設することによって、ようやく乗換駅として機能することになる。京橋のほうは、京阪蒲生駅が少々離れたところにあり、一九四九年に京橋という駅名に京阪は変更したが、乗換駅として確固たる存在になるのは、一九六九年のＪＲをまたぐ百貨店やショッピングセンター、ホテルの併設した京阪の大高架駅の登場まで待たねばならなかった。

第三の特徴として、もう一つの東京との違いになるが、大阪／梅田や天王寺／阿部野橋を除き、私鉄がさらに都心部に終点のターミナル駅を構えたことにある。また天王寺／阿部野橋も一九三八年に地下鉄で、難波などに直結したため、総じて環状線の乗換駅は、大阪駅を除き、脇役的な存在であった。とはいえ天王寺や鶴橋、京橋は戦前に乗換駅として機能し始め、戦後には「闇市的」賑わいも生かしつつ乗り換え客が楽しめるカオスのような駅前空間を作っていた。新今宮駅は一九六六年に南海との乗り換えが始まった。乗降客が作り出す駅前空間はなく、駅前イメージは生まれなかったのである。

大都市の面白さはインナーリングにあり、特にそこを走る環状鉄道の駅が大きな魅力を作るというのが自説であるが、東京の山手線に比較して、大阪環状線は乗換駅のポテンシャルが歴史的に十分に蓄積されず、その機能が発揮されるのが近年になってからであった。加えて新今宮駅は乗換駅として最も新参であり、駅前空間としてのイメージとしては希薄であった。良い意味でも、地名のイメージづくりにおいて白地のキャンパス状態であったと。しかし最近年、特にインバウンドのブームもあり、新今宮駅の外国人の利用が急増し、新世界に直結する東口（通天閣口）のイメージが大幅に変わってきた。駅前空間としてのにぎわいも見られることになる。

二　輻輳する駅名と何度もの地名の整理

本章では駅名や周辺の地名の系譜を少々詳細に述べてみたい、新今宮駅成立前から、この地域には鉄道が集中して明治期に敷設され、多くの駅が登場していた。図２には駅名を記しているが、一番古くて一九〇七年の南海本線の萩ノ茶屋駅、一九〇八年の南海天王寺線の曳舟駅、大門通駅（後に今池町駅に統合）、一九一一年の阪堺電車の南霞町駅、今池駅、飛田駅、一九一三年の大阪市電の霞町駅、と相次いで開設される。省線は天王寺から の次駅が今宮駅、そして南海電車の今宮戎駅は、当該地より少々離れていたし、南海電車との交差地点には乗

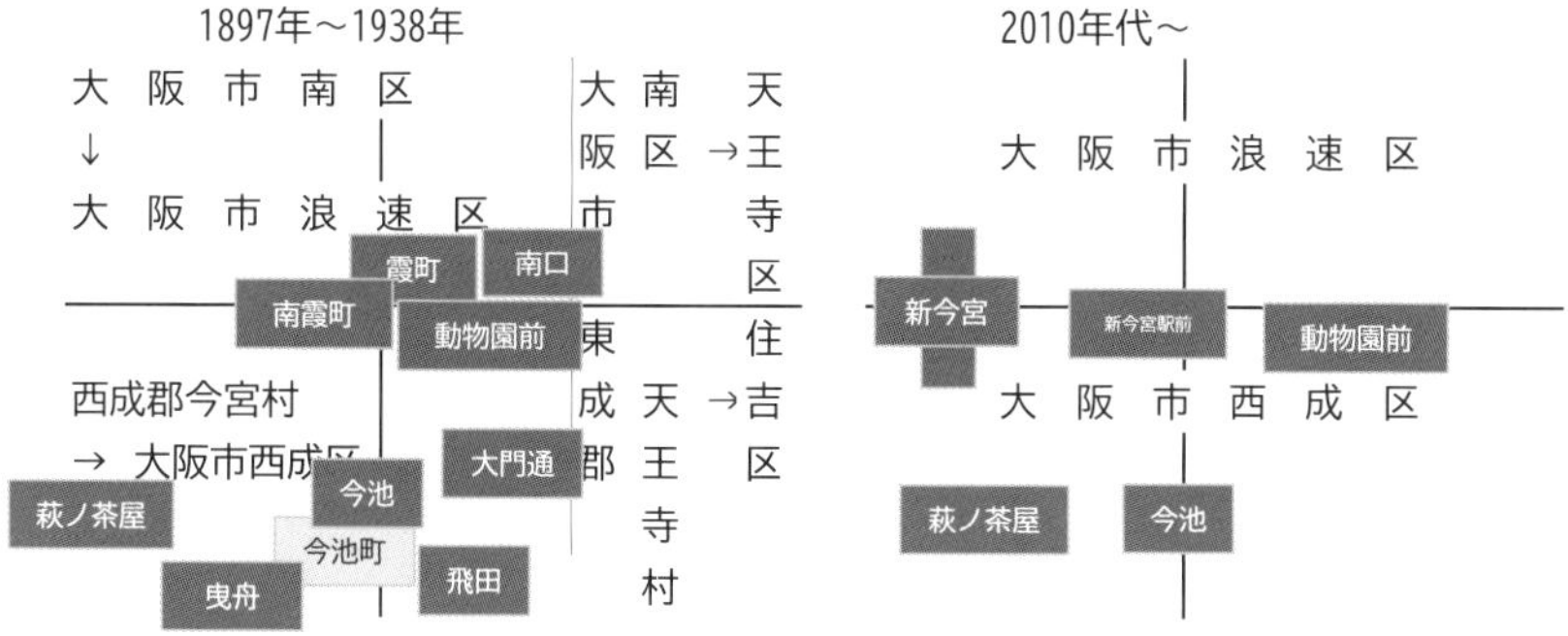

図２　駅名の変遷

換駅の構想はこの当時なかった。この相次ぐ交通網の整備にさらに一九三八年には地下鉄動物園前駅が登場する。同年に地上を走っていた南海電車は、築堤の省線関西線を上に跨いで、難波から天下茶屋手前まで複々線の大高架を完成させるが、この時も乗換駅は期待されながら実現しなかった。

　図２のように、地名からいうと今宮が使われてよいのだが、今の浪速区側の北のほうで今宮駅（実は木津村にあったが）、今宮戎駅として使用され、この南側では鉄道建設ラッシュ時には使用されず、この地域を総称するような影響力を持った駅名はなく、駅前空間を形成することもなかった。高架や築堤の鉄道で囲まれた街ではあるが、南海を除き大部分が土盛りの築堤であり、いわゆる「高架下」の賑わいも登場しなかった。

　では、地域を総称する地名は歴史的に何であったのか？総称という観点から最たる事例は釜ヶ崎である。しかし地名的には釜ヶ崎は一番ミクロな範域を示す小字名であったことからも、一介の小字名がなぜ全国区の地名になったのか。その謎を解くために近隣の地名の総覧からその位置づけと変遷を紹介してみる。

　図３では、日本の地名の構成を図式化した。原則は【う】or【か】（市区町村名）＋【え】＋（【お】＋）数字の番地が並ぶ、という構成であり、この【え】が重要となる。多くの場合は江戸のムラ、藩政村か、城下町であれば通り名を示す町名となる[2]。そのどちらのルールにも従わないのは、急激な市街地化で、藩政村だけの地名では従前の農地区画から、各家の細かい区画に変ってゆき、その整理のために多くの場合は新町名が案出された

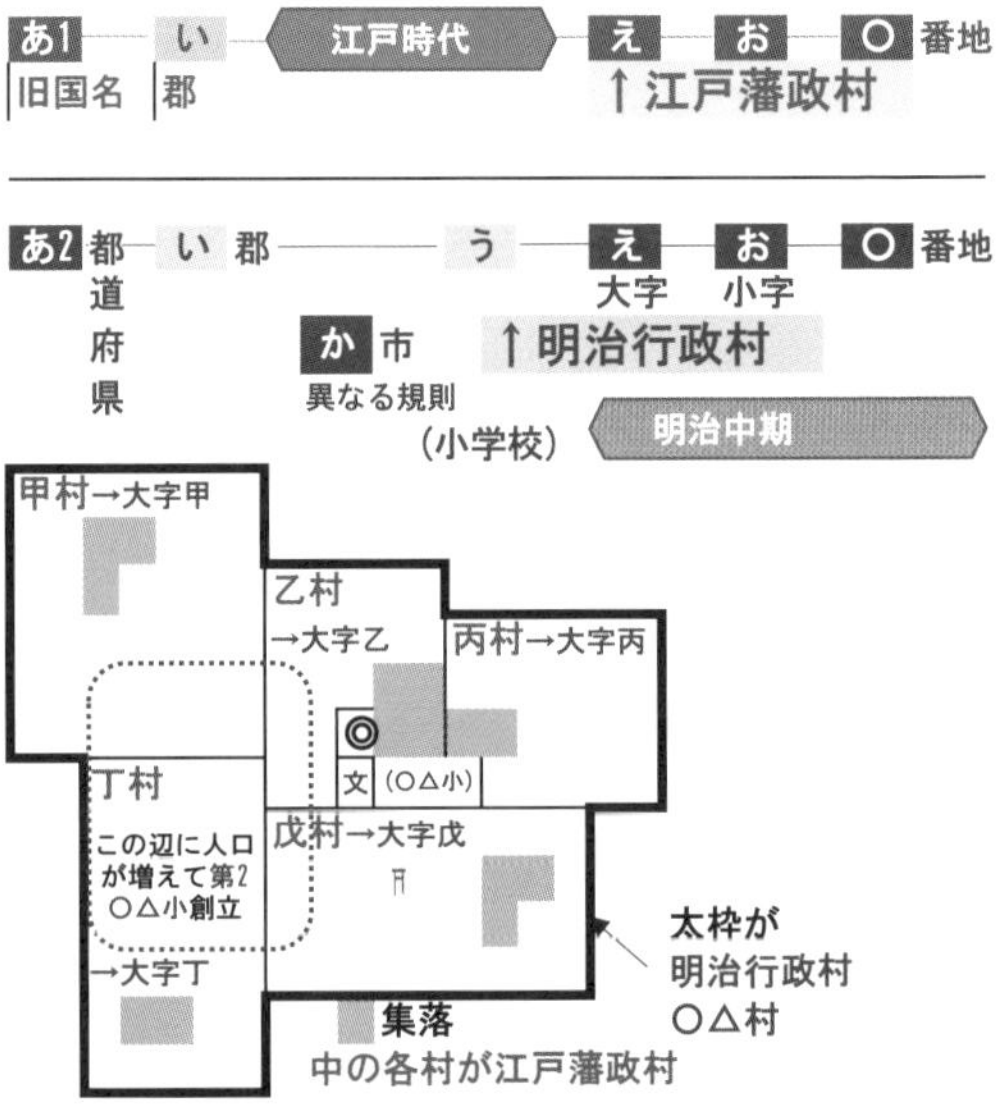

図３　江戸藩政村と明治行政村の関係の模式図

事例に当たった。この江戸藩政村だけで七万ほどあった。さらに一九七〇年代以降、住居表示の制度により新規に地名が作り出された事例も多い。

この原則的な地名構成において、もう一つの地名レベル【お】がある。それが小字である。釜ヶ崎という地名は小字であり、地名のレベルは更にミクロなところ位置する。ひとつの江戸藩政村【え】に十数から数十の小字名が構成され、その数は五百万を優に超えよう。その数多の小字名を実感すべく、図４において大阪環状線の駅の地名を小字まで遡って、その変遷も辿ってみた。新今宮駅は西成郡今宮村小字釜ヶ崎・水渡であることをまず確認しつつ、まずは他駅の地名を見ておこう。

図４からは、大坂城下町を取り巻く東西を東成郡、西成郡の郡名が環状線駅の地名に反映していることが如実に見て取れる。沿線は大阪のインナーリングを明治期以降形成したが、その中での西成イメージは戦前までは今の西成区に収斂されず、大阪駅梅田から環状線の西半分はすべて西成郡であり、相当広範なものであった。たまたま一九二五年の大大阪成立時に、東成区は現在の旭区、城東区、東成区、生野区に当たり東成郡がそのまま区となった。しかし西成区はそうではなかった。一八九七年にすでに現在の此花区、港区、大正区という旧西成郡エリアが西区として大阪市となり、北側の西成郡エリアも、一九二五年の大大阪成立時には、東西の淀川区として成立したため、南側に取り残された西成郡域のみが西成区となった。東成区

駅名	江戸藩政村（城下町域はなし）	明治藩政村【小字名は左欄と同じ】	大阪市第一次編入 1897年→大阪市内新町名 1900年	大大阪 1925年〜住居表示まで	住居表示 1970年代〜1980年代
新今宮	西成郡今宮村小字水渡／釜ヶ崎	西成郡今宮村大字今宮	同左	西成区西入船町・東入船町	西成区萩之茶屋
	同上	同上	南区水崎町	浪速区水崎町	浪速区恵美須西
今宮	西成郡木津村小字西上ヶ畑	西成郡今宮村大字木津	南区木津北島町	浪速区栄町	浪速区大国
芦原橋	西成郡木津村小字北嶋	西成郡今宮村大字木津	南区木津北島町	浪速区栄町	浪速区浪速東
大正	西成郡三軒家村小字壽ノ割	西成郡三軒家村大字三軒家	西区三軒家大字三軒家町→西区三軒家上之町	港区大正通／三軒家上之町	大正区三軒家東、三軒家西
弁天町	西成郡市岡新田小字ゐノ割	西成郡川南村大字市岡新田	西区市岡新田→西区市岡町	港区八雲町	港区波除
西九条	西成郡西九条村小字ほ	西成郡川北村大字西九条	西区川北大字西九条→西区西九条下之町	此花区西九条下通	此花区西九条
野田	西成郡野田村小字今開	西成郡野田村大字野田	北区西野田吉野東之町	此花区西野田吉野東之町	福島区吉野
福島	西成郡上福島村小字中道	西成郡上福島村	北区上福島中／北	此花区上福島中	福島区福島
大阪	西成郡曽根崎村小字闢明／北野村小字角田	西成郡曽根崎村／北野村	北区曽根崎、北区北野→北区梅田町	北区梅田町	北区梅田
天満	西成郡川崎村小字天満山	西成郡川崎村大字川崎	北区西成川崎→北区天神橋筋東	北区南錦町	北区錦町
桜ノ宮	東成郡中野村小字村内	東成郡都島村大字中野	北区都島大字中野→北区中野町	北区中野町	都島区中野町
京橋	東成郡蒲生村小字外嶋	東成郡鯰江村大字蒲生	北区鯰江大字蒲生→北区新喜多町	北区新喜多町	都島区東野田
	東成郡新喜多新田小字東築留	東成郡鯰江村大字新喜多新田	東成郡鯰江村	東成区新喜多町	城東区新喜多
大阪城公園	東成郡森村小字道尻	東成郡中本村大字森	東成郡中本村大字森	東成区森町	城東区大坂城
森ノ宮	東成郡森村小字鵲	東成郡中本村大字森	東区森ノ宮東之町	東区森ノ宮東之町	中央区森ノ宮中央
玉造	東成郡中道村小字黒門	東成郡中本村大字中道	東区中道黒門町	東区中道黒門町	中央区玉造本町、玉造元町
鶴橋	東成郡木野村小字柳ノ内	東成郡鶴橋村大字木野	東区鶴橋大字木野→東区下味原町	東区下味原町	天王寺区下味原町
		同上	東成郡鶴橋村大字木野	東成区鶴橋木野五番町	生野区鶴橋
桃谷	東成郡天王寺村小字井ノ内	東成郡天王寺村大字	南区天王寺堂ヶ芝町	天王寺区堂ヶ芝町	天王寺区堂ヶ芝
			東成郡鶴橋村大字天王寺	東成区鶴橋天王寺町	生野区桃谷
寺田町	東成郡国分村字島ヶ上	東成郡生野村大字国分	南区寺田町	天王寺区大道	天王寺区大道
			東成郡生野村大字国分	住吉区天王寺町北	
天王寺	東成郡天王寺村小字悲田院	東成郡天王寺村大字天王寺小字悲田院	南区悲田院町	天王寺区悲田院町	天王寺区悲田院町、阿倍野区阿倍野筋

図4　大阪環状線各駅の住所地名の変遷

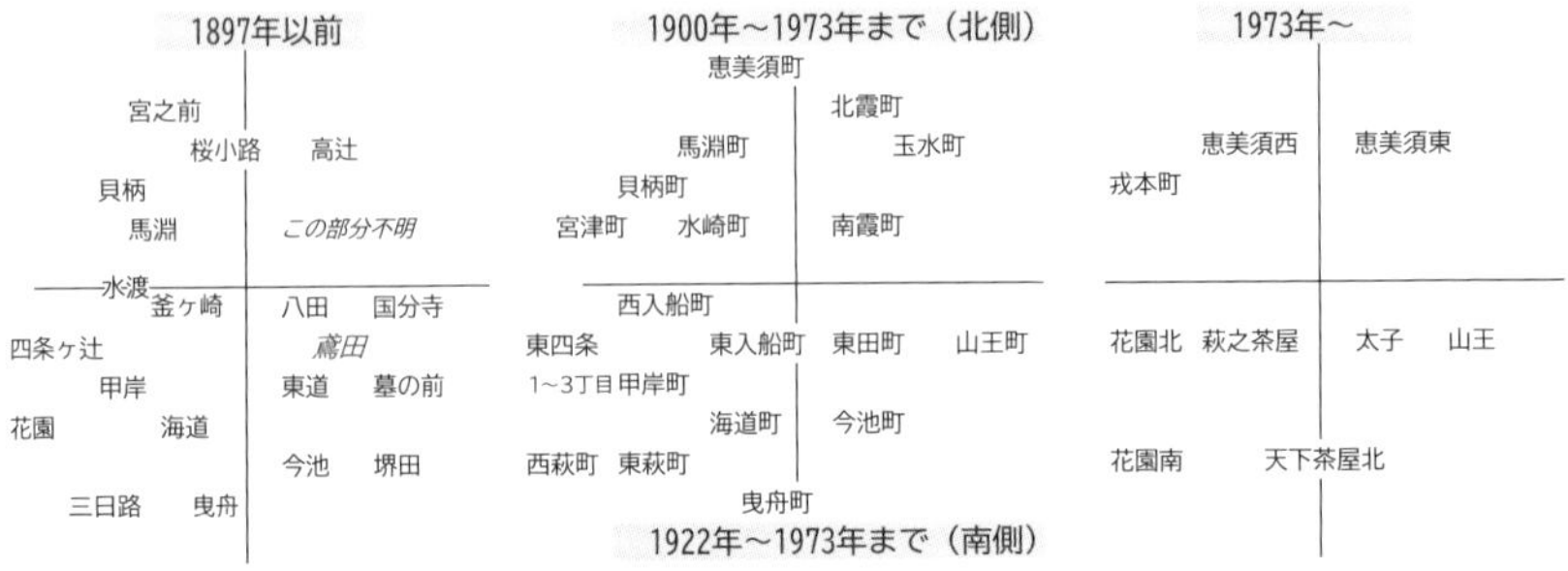

図５　小字名、町名の変遷（図６参照）

に比べずいぶん小さなものとなった。このような経緯で西成イメージは大阪市の西半分という範域から、徐々に今の西成区に収斂していく。

　では江戸藩政村【え】や明治行政村名【う】がどのように駅名として使われたのか、図４で一覧にしてみた。江戸藩政村名を（一部）使っているのが、新今宮、西九条、野田、福島、そして天王寺であり、隣接の江戸藩政村を使ったのが玉造であった。明治行政村名を使っているのが、今宮（江戸藩政村では木津、以下括弧地名は同）、鶴橋（木野）となる。大阪駅（曽根崎・北野）は梅田のステンショとも呼ばれ、梅田墓を継承する通称名であった。天満（川崎）は、大坂三郷のひとつ天満の北端にあり、神社名を使ったのが桜ノ宮（中野）や森ノ宮（森）である。近辺の景勝の地の通称名として桃谷（天王寺）が使われ、大阪市編入後の新町名として寺田町（国分）、弁天町（市岡新田）、区名を取り大正橋電停でもなじみのある大正（三軒家）、京橋は少し遠いが大阪城大手筋に位置する橋名が採用され、芦原橋は電停名にそろえた。そのように、図３の地名の構成の諸要素を、駅名も自在に使ったのである。小字名については、すべての駅名のわかる範囲で記載しているが、駅名には使われていない。

　図５はこの新今宮駅の近隣地域の江戸藩政村と小字、明治行政村と大字、小字、そして北半分が大阪市に編入された後の地名の変化などを表した。なお図３のように江戸藩政村【え】は、一八八九年の町村制施行の後に登場する明治行政村【う】を構成する大字と呼ばれることになる。【え】は当地近隣では、今宮と天王寺になる。図５の一番左側は一八八九年以前の小字総覧になり、こ

鉄道の北側は大阪市南区となっており、1900年に小字名から町名に代わっている。南側は今宮村と天王寺村の小字名がそのままの状態で描かれている。

図6　明治末期の町名、小字名の分布

出典：「大阪地籍地図」吉江集画堂地籍地図編輯部編纂、1911年刊行

の中に釜ヶ崎が出てくるが、数多くある小字名の一つであり、図6で見られるようにこの時点で西側は今宮村＋小字名、東側は天王寺村＋小字名であった。ところが大阪市内に一八九七年に編入されたエリアや、遅れて一九二五年に編入され、かつ人口増加が激しかったエリアでは、ほぼどこにおいても小字名整理が行われ、新町名が導入された。図5の真ん中の図は、北側の町名は大阪市の第一次編入後、一九〇〇年に導入された新町名であり、この時点で今宮という江戸藩政村は消え、南区＋新町名となる。南側の町名は西成郡今宮町期一九二二年の町名導入でつけられ、西成郡今宮町＋新町名となった。小字名が踏襲されたのは、北側では馬淵町であり、南側では甲岸町、海道町、今池町等である。合成地名が北側では水渡＋釜ヶ崎→水崎町、南側では、東道＋八田→東田町である。新町名では小字釜ヶ崎エリアをほぼ踏襲した東入船町、そして西入船町、東萩町、西萩町、東四条一～三丁目、天王寺村エリアでは一九二九年に山王町が新町名として登場した。一九二五年の大大阪成立のときに、西成郡今宮町＋新町名は、西成区＋新町名となり、今宮は地名として消えることになる。

　さらに図5の右図では、一九七〇年代後半から八〇年代初めに行われた住居表示の制度の導入で、さらに町名は変わることになる。既成市街地にとって多様で地域の系譜を表した地名が消され、歴史の系譜がないがしろにされた。西区や旧南区は手遅れで地名は壊滅状態となったが、旧東区はなんとか歴史的地名が生かされた。それはおいておき、当地においては、西から花園北・南、萩之茶屋、太子、天下茶屋北、山王という形で整理され、

北側も戎本町、恵美須西、恵美須東と町名は整理された。このように歴史的地名は揺れ動くことになり、戦前の新町名を継承したのは山王のみであった。地名イメージも固着し難いものとなった。

三．地名が表象するもの―江戸期から戦前の事例より

大変長々と地名の構成や遍歴数の多いことについて述べてきた。その中で地域を表象する地名として抜き出す典型的な方法は、活字か図像による地域呼称の表示／図示であり、それが使われるコンテクストの解明にあろう。この観点から分析の俎上に歴史的な登場順で上げていく作業を行ってみる。幸運なことにこの地は、南に都市先達である堺と一大城下町である大坂の間にあり、仏教寺院そして神社でそれぞれナショナル級の四天王寺、住吉大社の間に位置していたのである。この大きなアトラクションポイントを結んだのが、熊野街道であり、住吉街道＝紀州街道であり、そして海岸線と新田地帯の間でできた運河ともいえる水運に使われた十三間堀川の存在であった。ヒトとモノの行きかう大動脈が走り、そこでは多くものが図像化された。一般に城下町絵図は接続する地域を含んで描写されることが多い。今宮村や天王寺村のその恩恵にあずかる。

描写度が秀逸な一九世紀初頭に描かれた図７「増修改正摂州大阪絵図」でみると、城下町に接した藩政村なの

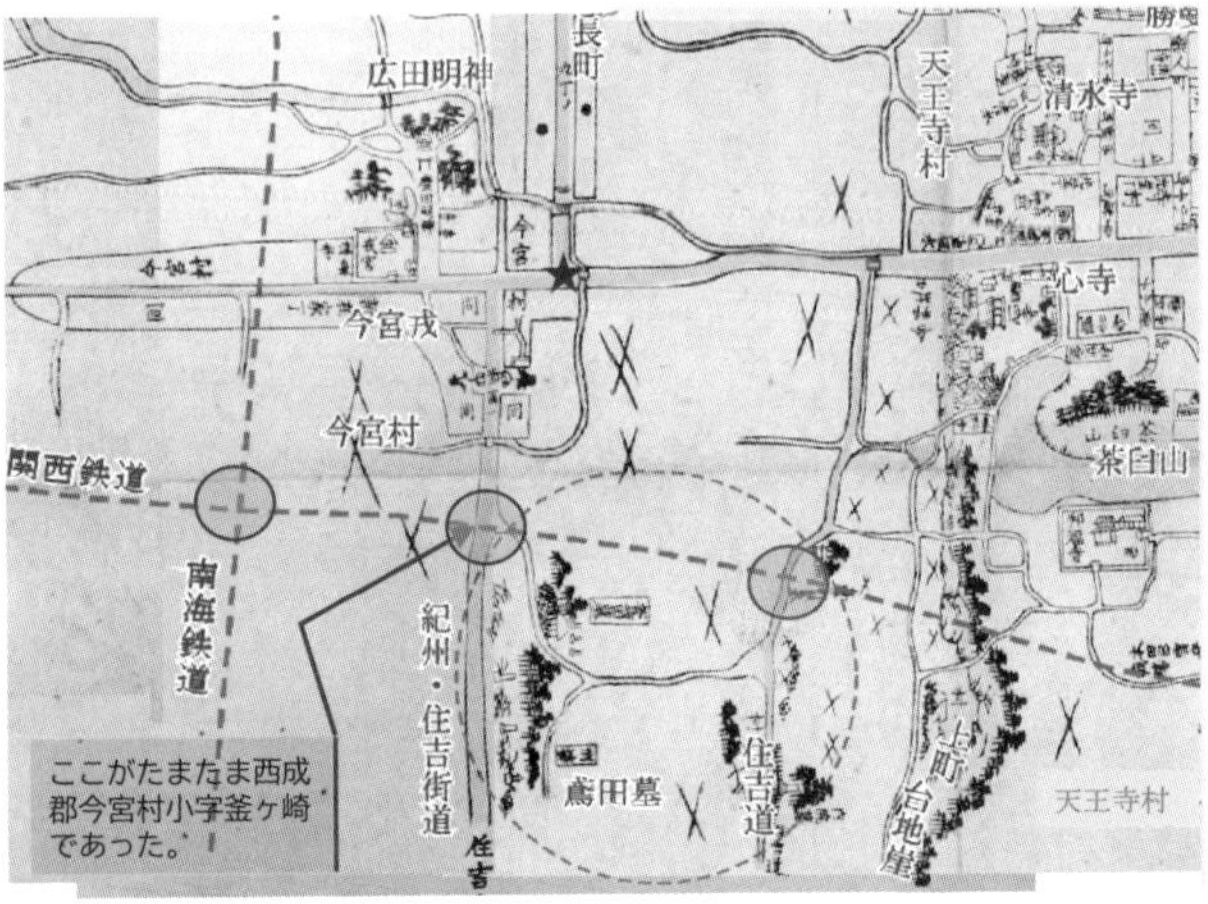

太点線の鉄道や、点線円は現在の太子１丁目、山王１丁目で、位置関係がわかりやすいように補筆している。★は現在の恵美須町交差点である。実線○は、後の鉄道との交差地で、本文に現在地を示している。

図７　1804年刊『増脩改正攝州大阪地圖』
https://dl.ndl.go.jp/info:ndljp/pid/2541883

で在方（農村部）も町場と並んで克明に描かれている。近世城下町に欠かせないヒト・モノの流れを支える街

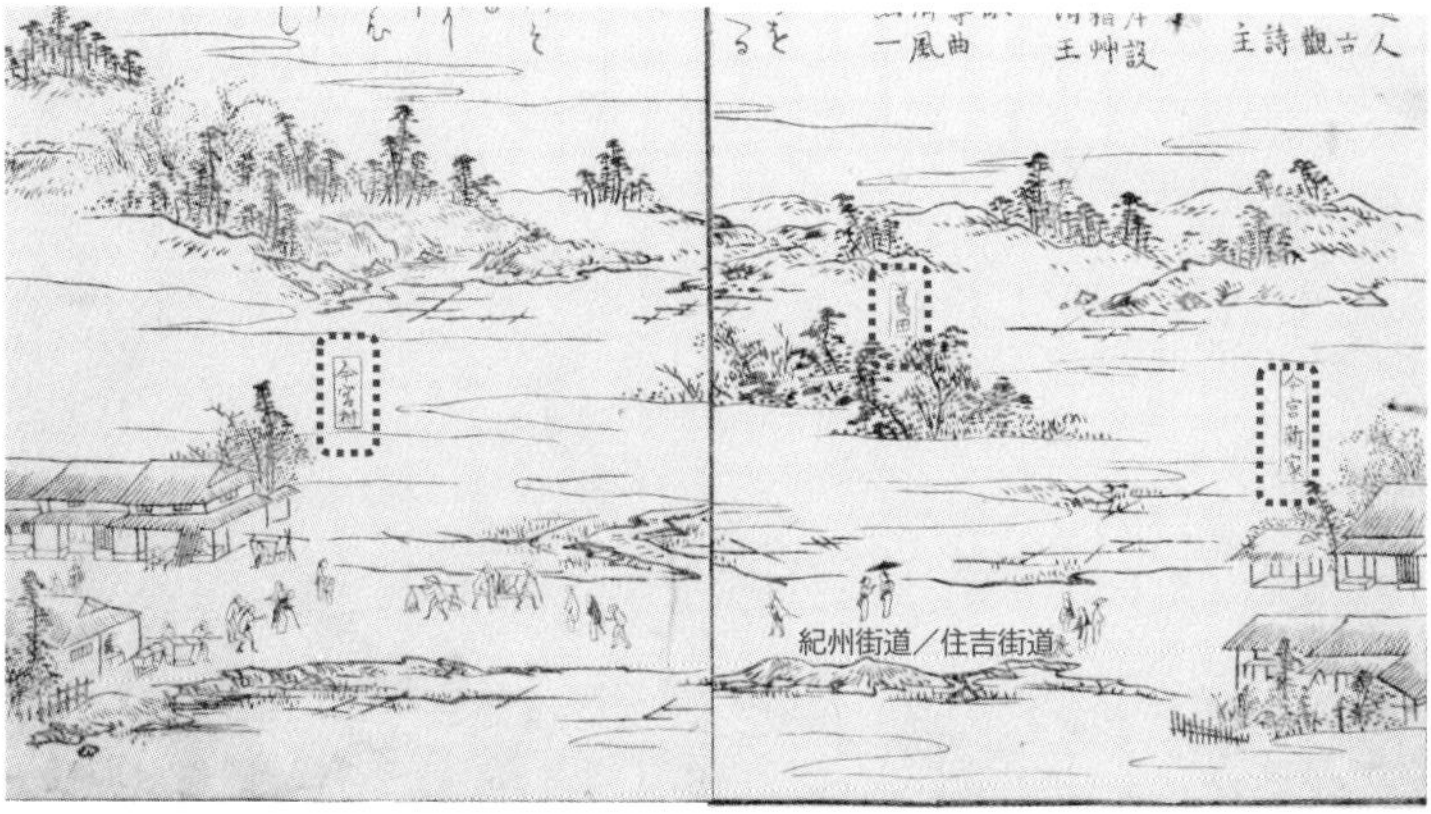

図８　1795 年刊『住吉名勝図会』
https://www.wul.waseda.ac.jp/kotenseki/html/ru04/ru04_04795/index.html

道が走っていることがまず特筆される。街道沿いに藩政村今宮の集落や廣田神社、今宮戎神社、上町台地上では四天王寺、一心寺などの数々のナショナル級の寺社仏閣の建物が目を楽しませてくれる。

また封建的制度を反映した空間的配置としての街道に近接する木賃宿、墓場、刑場などが立地し、梅田や千日と並んで有名であった鳶田、いずれも江戸時代に設定された墓場で共通するが、通称地名が書き込まれている。自然景観として目立つ上町台地崖もよくわかる。その他はなにわ野菜の主産地の田畑が拡がっている。実に「多弁」なエリアとして描かれている。この絵図には、後の鉄道も点線で描き込んだが、三つの○は左から現在の新今宮駅、真ん中のは紀州街道が関西線・環状線をくぐるガード、右のは紀州街道のバイパスである街道であり、今のジャンジャン横丁が関西線・環状線をくぐるところにある。真ん中の○の住所が摂津国西成郡今宮村小字釜ヶ崎であった。紀州街道は数ある小字の中を通っていたが、偶然にも鉄道と交差したところが釜ヶ崎であった。

図８は幸運なことにこれまたナショナル級の住吉大社の存在により住吉街道沿いの「住吉名勝図会」の景観描写となっている。今宮村の集落も克明に描かれ、通行者の様子や、鳶田方面の田畑や墓場、上町台地の森や寺社を望む景観描写を楽しめる。鳶田の手前の街道に接してその手前の田畑がまさしく釜ヶ崎であり、見事に人家の

ない田園風景が拡がっていたと言える。そして地名に意味を持ったのは鳶田であり、紀州街道／住吉街道を集落内に取り込んだ今宮であったと言える。

　明治期に入って図像化という観点で注目することは三点ある。第一に、一八八九年に大阪鉄道により今宮村の集落が切れた南方、鳶田近辺の田畑地に東西に鉄道が、築堤となって敷設されたことにある。これが一八九七年の大阪市の拡大における南限の境界線となり、今宮村は南北に分断されることになる。第二にこの分断とも関係するがこの鉄道を挟んだ南北の地域で異なる開発のドライブがかかったことになる。今宮村内の鉄道より以北では、高塔を起爆剤にした遊興空間の開発が難波から今宮村内北部で進み、一八八八年の難波駅南東の「有宅地・眺望閣」、今の恵美須町交差点南東角での、「偕楽園／今宮商業倶楽部」の登場がそれである。今宮村の北部は明治の遊興地としてイメージされつつあった。

燐寸工場や煙草製造所などの工場の進出とともに、鳶田の地名の左側の紀州街道ぞいに木賃宿街が登場している状況が見て取れる。

図9　明治末期の今宮村、天王寺村の状況、1908年測量の２万分の１地形図から

　対照的に今宮村の鉄道以南では、第三の要因となるが、鳶田の刑場がなくなったことによる跡地利用で、千日前の刑場のそれとは好対照となるが、図9に見られるように一八九七年に大阪燐寸電光株式会社という工場が跡地で操業を始める。そして数年後に著名な工場労働者への本邦初のルポルタージュである一九〇三年農商務省から刊行された『職工事情』における現地調査地の一つに選ばれる。「燐寸職工事情」において、「今大阪神戸に於ける貧民部落につき調査したるもの」ということで、今宮新家、今宮鳶田での世帯ヒアリングが「工場調査掛」スタッフにより実施された。できたばかりの労働者街の低位な居住、就労環境を通じて今宮、鳶田の地名が低位の工場労働者街として最初にイメージ化される。

　一八九七年の鉄道をそのまま利用した大阪市の境界が

登場し、図5、6のように一九〇〇年には今宮を使わない新町名が導入され、一九〇三年には市境の北側で第五回内国勧業博覧会が大々的に開催される。この北側では今宮村の旧集落に当たる部分が恵美須町となり、今宮戎神社と関連しながら、恵美須町という地名がイメージ化される。同時にこの恵美須町の交差点で日本橋筋が通っているが、江戸時代では長町（名護町）という名だたる木賃宿街であった。一八九六年の「長屋建築規則」や「宿屋取締規則」により、表通りから裏地の旧天王寺村や今宮村、難波村、木津村方面に長屋が大量に登場する。大阪最大の不良住宅地域としての性格も併せ持つことになる。長町という地名イメージは一九〇〇年代に入っても継承されたが、今宮というそれは、この大阪市域側においては薄れてゆくことになる。

一方南側では、上述の規則を改正した一八九八年の「宿屋営業取締規則」で、大阪市外にその営業地は定められ、その中に今宮村大字今宮が含まれた。市境界に接し、図9で描かれたように紀州街道に面した小字釜ヶ崎や街道を挟んだ東側の小字東道に、一九〇四年以降急速に木賃宿が立地することになる。『職工事情』の今宮、鳶田の工場労働者街イメージに加えて、木賃宿のイメージが釜ヶ崎の方に付与される。こうして木賃宿街は大正時代になって、今宮、鳶田、釜ヶ崎という地名が入り混じる形で、イメージされることになる。一九一二年の『細民調査統計（大正元年）』は、日本では初めての最大規模の細民地区調査であり、前年の東京に加え、この調査では大阪では、難波署管内の、難波、日本橋、今宮、木津、西浜が選ばれている。当時の難波署は、一九一九年の今宮署のできる前で、郡部も管轄していたが、この今宮に釜ヶ崎が含まれていたかどうかは定かではない。

一九二一年に内務省社会局が実施した『細民集団地区調査』では、六大都市で東京、大阪は三か所、その他は二か所選ばれる中、大阪では、六道ケ辻、釜ヶ崎、長柄という地名で調査地が選ばれる。後の不良住宅地区改良の事業地を見越した選択であり、大阪市ではさらに詳細に一九二五年に大阪市社会部「過密住宅地区調査」を市内三か所で行い、そのうちの一か所が「俗に釜ヶ崎の称ある西成区東入船町及西入船町」を選択している。「細民集団地区調査」で選ばれた六道ケ辻を含む日本橋筋方面も選択され、一九二九年から不良住宅地区改良事業が始まる。事業内立ち退き世帯の住宅として、大阪市では初めてのアパートが東入船町（小字釜ヶ崎の新地名）に建設され、「今宮住宅」と名付けられる。

さらに一九四〇年刊行の「本市における密集地区調査」大阪市社会部「社会部報告」二四六号では、「釜ヶ崎地区」との呼称で、調査地が地図付きで表されている。この地図は大変興味深く、社会事業の官民の施設の分布がよく見て取れ、ここで注目すべきはその施設名に冠として使われている地名になる。今宮という冠が圧倒的に多いことがわかる。大阪市の調査で、広がりのある地区名に釜ヶ崎を利用していたが、施設名となると、今宮を冠するというのが戦前期の状況であった。なお当地の多くの施設を展開していた大阪自彊館は、戦前期においては地名を冠としては使わなかった。

現在の民生委員に当たる戦前の方面委員制度において、当地は「今宮第一方面」に含まれ、当地の西方になる「今宮第二方面」や、今の浪速区の「恵美方面」、「木津方面」、「栄方面」、今の浪速区東部にあたる「天王寺第一方面」と並び、救護法下における保護世帯が多く居住しているエリアであった。一九四一年の国民学校への転換により、それまでの今宮を冠にする第八まであった小学校ナンバリングは、地名などにかわり、当地では「萩之茶屋国民小学校（第三）」と「今宮国民小学校（第四）」が登場する。旧天王寺村エリアは、「金塚国民小学校」となり、旧制の「今宮中学校」と「今宮職工学校」も今宮という冠を変えずに戦後に継承されていく。

活字化という観点からいうと、一九三三年に武田麟太郎によって書かれた短編小説『釜ヶ崎』は、一定の範域という観点からは、今宮の施設につく冠よりも釜ヶ崎の方が強く地理的想像力を多くの読者に掻き立てるきっかけとなった。因みに雑誌「大大阪」（一九二五～一九四四年まで）において、当地の呼称のされ方について探索してみた。伊藤満継「ある密住地区の現状」（一九二六年一一月）、においては、「新地域の南部では今宮に釜ヶ崎、赤壁と呼ばれている密住地区がある」（五九頁）。続く「細民の家」（一九二六年一一月）、田村克己では、「汽車は浪速区と西成区の境界線を走って釜ヶ崎の北側に入ると木賃宿の棟は大きいが…」（六七頁）、さらに「今宮・釜ヶ崎・断面」（一九三二年五月）、上井榊では、「大阪の江東――今宮、釜ヶ崎、科学の文化の構成から堕落した儘の姿」、そして「釜ヶ崎へ三階建てのアパートメント・ハウス」」と、今宮、釜ヶ崎が併用、あるいは使い分けられていた。西成という地名は当地では、一九四三年の今宮警察署、今宮消防署が、西成警察署、西成消防署に改名された例を除き、当地をイメージさせるものとして戦前では使われなかった。

四．戦後復興から釜ヶ崎／あいりんの登場

空襲において、簡易宿所街の中心部は、鉄筋のアパートや学舎とごく一部の長屋をのぞいて全焼となり、東部のほうは被災を免れた。被災エリアでは戦災復興の土地区画整理事業で、「萩之茶屋工区」という名前で施行されることになる。西側が「元木津工区」と呼ばれた。今宮という地名については[3]、被災を免れたにもかかわらず一九四六年に公設シェルターであった「今宮保護所」が閉鎖され、一九四七年にその建物を利用して「今宮市民館」となり、焼けた「済生会今宮診療所」が移設された。一九四八年「阿倍野公共職業安定所西成労働出張所」が開設、阿倍野という冠に合わせて西成が使われた。また簡易宿所も一九五一年に親睦組合として「西成宿屋組合」を発足させ[4]、一九五二年「邦寿会今宮診療院」が「今宮診療所」と改称された。その中で一九五五年には、「今宮市民館」が現在の場所に移設され「西成市民館」と改称、保育所も「西成市民館付設保育所」となる。

この戦後十年において、戦前に引き続き今宮という施設名の冠がある中で、徐々に西成が使われ始め、一方で釜ヶ崎という地名はこの時期、冠として特段使われることはなかった。しかし、一九五〇年代後半から状況は一変し、愛隣／あいりんという地名の登場もあり、冠となる様々な地名は「躍動」することになる。

この躍動は五期にまとめられる。【第一期】は、一九六一年の「暴動」の発生の前後での制度整備のうねりの中での愛隣や西成の登場である。【第二期】は第一期を受けつつ万博の労働需要を受け入れるための、「あいりん総合センター」の建設を中心とする総合計画時代における改善対象としての釜ヶ崎のクローズアップと、あいりんというタームに回収される諸々の計画から構成されるいわゆる「あいりん体制」の確立の時期である。【第三期】はその後の一九七〇年代から八〇年代初めにかけ

ての不況での野宿者支援の動きや暴力手配師に対抗する運動系が一気に力を増して、こうした運動が釜ヶ崎という力を感じさせる地名を多用し発信した時代。【第四期】は、バブル経済がはじけた野宿が危機的状況に達した時の公的就労を勝ち取るための政治的闘争や就労、居住支援を打ち出す一九九〇年代から二〇〇〇年代にかけてのNPO的動きであり、この方面でも釜ヶ崎は新しいイメージを付加しながらうまく発信される。そして【第五期】が二〇一〇年代を中心とする、一つはインバウンドでの外国人の宿泊及び居住の大躍進と、「西成特区構想」での種々議論の時代となる。前者では新今宮が、後者では西成であり、この西成のカバーする範囲が釜ヶ崎／あいりん／新今宮で時には特定されつつ、しかしオール西成も意識するという構図が再び問われることになる。

（1）【第一期】戦後の一九六〇年前後まで

簡易宿所街が復興する中で、①日雇い労働や青空労働市場をコントロールする制度の不在、②戦災復興のプロセスの中で、都市計画区域での暫定的なバラックやスラムの膨張、③一九五八年の売春防止法の施行による公娼制度の消滅と青線街の拡大、などという複合的な都市課題が噴き出した。主に②への対応策を中心としての一九六〇年の「西成愛隣会」の結成は、市の補助金も得ながら、特に隣保事業をベースに地域の「環境浄化」を目指し、その拠点が、六一年九月の木造の「西成愛隣会館」になった。翌六二年八月には、鉄筋の「愛隣会館」が隣接地に新築される。この館は一九六一年八月に発生した「釜ヶ崎」の「暴動／事件」への対応とリンクして、「地区改良、福祉対策拡充」の総合センターとして位置付けられる。西成保健所分室、相談室、通称あいりん銀行の設置、西成警察署前に仮設で出発した不就学児対策の「あいりん学園」も四、五階（教室など）の屋上（運動場）に移設された。この②においては、愛隣／あいりんという新施設名が空間としての建造環境を伴って、当時の東田町、現太子一丁目に登場する。

こうした対策と同時に学術調査も社会学を中心に頻繁に行われる。大阪社会学研究会（一九五八年発足）「第一次釜ヶ崎調査」（一九五九年）、「大阪市西成区福祉地区実態調査」、「第二次釜ヶ崎調査」（一九六〇年）、「簡易宿泊所利用者調査」（一九六三年）、また社会医学研究会による「大阪市西成区愛隣地区（通称釜ヶ崎）における売血の社会医学的実態調査」が相次いで実施される。釜ヶ崎をベースに、冠に愛隣や西成が併用される。

メディアでは、一九六〇年二月六日〜二〇日までの朝日新聞の連載、「大阪の・釜ヶ崎に住んでみて」のルポルタージュや、同年相次いで封切にされた大島渚監督の「太陽の墓場」や千葉泰樹監督の「がめつい奴」は、釜ヶ崎を舞台にした映画であった。一九六〇年の山谷事件ともあわせて、対策の施行が国会でも何度も議論されることになるが、その要素は山谷と釜ヶ崎事件の発生と、その背景にあるスラム街対策、暴力団対策、売春対策であり、そのイメージが釜ヶ崎という地名に一挙に集約されることになる。[5] 国会での議論は、両事件が生じたことへの社会の不穏な状況の拡散を防ぐために環境浄化が必要であり、それがスラム街対策という表現で議論された。一九六〇年の住宅改良法の施行に伴う同和地区の住環境改善を援用する形で、一般環境対策、ドヤ街対策　更生相談所を設けるなどの議論が始まる。厚生・建設・労働・文部各省のスラム総合対策基本方針という形で打ち出され、当地でも個別にそれぞれが実現してゆくことになる。

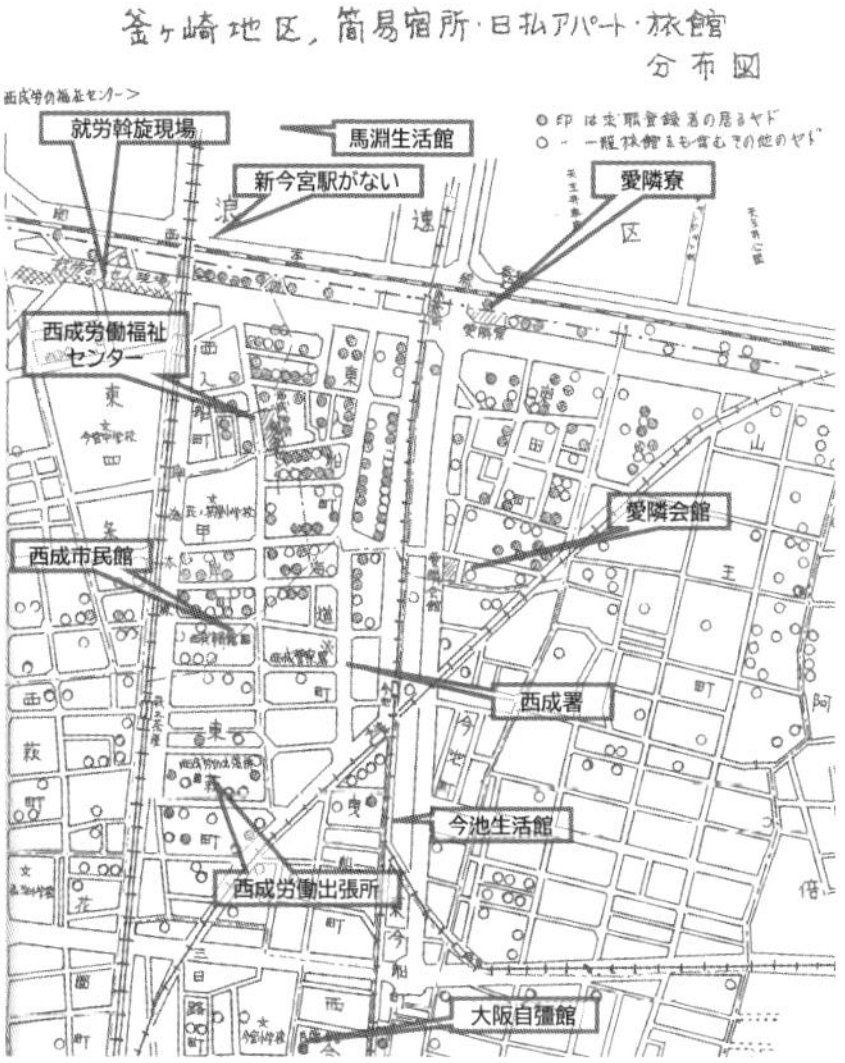

図10　1963年当時の釜ヶ崎の地図
出典：「西成労働福祉センター、昭和38年度事業報告」、1964年

地元では、事件後に府・市・府警本部による「釜ヶ崎対策連絡協議会」が発足し、同時に①の対策として、「大阪府労働部西成分室」が開設される。この行政の動きは矢継ぎ早に西成という地名を使いながら展開され、府・市・府警・労働局と連携しながら進められる。図10で見られるように一九六二年一〇月に、「西成労働福祉センター」が分室を廃して、「今宮住宅」の西隣に鉄筋で新設される。スラム街対策としては、一九六二年に浪速区側で「馬淵生活館」が建設され、馬淵と水崎という浪速

区のバラック街の立ち退き対応策が始まる。一九六五年には「今池生活館」が西成区側で建設される。既述の新築の「愛隣会館」に加え、現太子交差点にも家族持ちの低所得者への居所を提供する「愛隣寮」が登場する。

（2）【第二期】一九七〇年万博をピークに

「釜ヶ崎事件」とその後に続く暴動の継起や、スラム街、売血、麻薬、暴力団などが常に話題にされる釜ヶ崎のネガティブな表象の通奏低音はたえず流れていた。そんな中、一九六五年九月に開催が決定された大阪万博に向けての労働需要の確保とそれにともなう建造環境の整備が、一九六六年一月の早川労働相の釜ヶ崎視察と「総合福祉施設をつくる」との発言、この前の期における不良環境地帯の改善という緒についた動きを弾みとして、大きく進みだした。(6) 二月には「スラム街解消に取り組む」閣議決定がなされ、翌一九六七年にかけて「山谷・釜ヶ崎地区の医療を無料に」、「あいりん地区にマンモス職安作る」、「愛隣労働福祉センターの設置」、「愛隣地区の公共職業安定所の新設」、「簡易宿泊所の設置」、「愛隣地区における総合労働福祉施設の建設」など、中央政府のほうからさまざまな事業名が飛び交う。

ほぼ愛隣一色の対策名の冠に加え、一九六六年六月には「釜ヶ崎」を「あいりん地区」とする新たな呼称の導入が図られる。「「釜ヶ崎という名をなくそう」」。一五日開かれた大阪府公安委員会と、府、市、府警の西成対策三者連絡会議で同じ決議がだされた。新しい呼び名はそれぞれ「愛隣地区」「あいりん地区」となっているが、趣旨はいずれも、釜ヶ崎という呼び名が持つ暗いイメージをなくし、特殊地域という観念を捨てようとしている」（一九六六年六月一六日読売新聞朝刊）、ということであった。大阪府・市は早速、愛隣地区総合対策基本計画を決定、国に事業化を要請する。

一九六七年度予算での中央政府の説明では、山谷と釜ヶ崎愛隣地区への行政の手の差し伸べ方はやや積極的になったが、それでも不十分であり、万博を控えてこの問題を真剣に考えなければならない。そのために今年度は極めて巨額の金をつぎ込んで釜ケ崎の対策に乗り出し、そこでは地元が大きな土地を提供する、という内容であった。厚生省も病院分を補助金で積み足し、一九六九年一月に着工、一九七〇年一〇月に「愛隣総合センター」

がオープンする。「西成労働福祉センター」、「あいりん労働公共職業安定所」、「大阪社会医療センター」、「大阪市営萩之茶屋住宅」と、センターを構成する施設名の地名冠がすべて異なり、さらに医療センターと住宅を除いた部分で、娯楽室や食堂を含めて「あいりん労働福祉センター」と呼ぶ、という冠的には極めてバラエティに富んだ命名となった。釜ケ崎の赤ひげ先生で知られる本田良寛医師は、「今宮診療所は、・・・済生会創設のころからの〝名門〟である。・・・診療所の移転した跡をたどってみると、大阪でもっとも低所得階層の多かった土地である。・・・その意味からいえば、済生会本来の趣旨にかなった診療所である」（本田一九六六、二〇八頁）、その済生会今宮診療所から、医療センターへと躍進した。この今宮に代えて大阪の冠に至る命名については、他に「西成医療センター」、「新今宮病院」という案のなかから、院長の経験から釜ケ崎における社会医学的調査研究の重要性に気づき力を入れてきたため社会医療という名称をいれ、釜ケ崎から全国へ発信していく志があり、釜ケ崎の労働者が大阪の建設業界を支えているので、病院も新今宮や西成ではなく大阪の社会医療を担う病院として、「大阪社会医療センター」を一番の候補にしたとの経緯があった(7)。

また折からの同和対策事業の措置法が走り出す時期と重なる中、同和対策とスラム対策という国策の代表的プロジェクトの一つとして、後者は一九六九年二月の国会衆議院建設委員会の議論を要約すれば「不良住宅問題としての位置づけから、東京には山谷のスラム、大阪の釜ケ崎のスラム、広島の原爆スラム、大阪の沖縄スラム、こういう問題がいま社会問題化する中で、広島の基町とならんで代表的な取り組みとなった。あわせて文部省の教職員の加配の必要性で、産炭地域、同和地区、在日集住地区と並んで、スラム地区の代表として釜ケ崎の改善が、小中学校を通じて行われることになる。労働省、厚生省、文部省からの目玉プロジェクトとの位置づけで、大阪府・市が「愛隣総合開発」を行うとして、大規模な改造計画を実行したのである。

さらにこの事業のトリを務めたのが、既存の各区の福祉事務所に加え、あいりん地区に特化した形で設置された福祉事務所であった。「梅田厚生館」を由来とし大淀区長柄に移った「中央更生相談所」が全市対応の不安定居住層への対応組織として機能していた。事実上七割ほどが当地からの相談者となったので、愛隣会館に移し、「大阪市立更生相談所」を、特定の地名を冠にしない形で、一九七一年に条例を制定して登場する。『大阪市民生事業30年史』によれば、「30年代になると大阪市の「浮浪者」はしだいに「釜ガ崎」に集中し、戦後いちはやく建てられた簡易旅館とこの周辺地区に建てられたかり小屋の居住者とともに、「スラム地区」を形成し、北の大阪駅周辺の整備とともに「浮浪者」対策の中心はこの南の「釜ガ崎」に移った」。一九七一年一〇月には「あいりんカウンセリングルーム」が大阪自彊館にできる。

（3）【第三期】労働運動が表象する釜ヶ崎
——一九七〇年代〜八〇年代

雇用に加え、医療、福祉サービスを供給するというインフラが一九七一年の「大阪市立更生相談所条例」により最終的に制度化されたが、労働者側も雇用者側もそのインフラを理念通りに使いこなしていくには時間がかかった[8]。労働者側はそれまでは「暴動」という形でしか表現できなかった社会変革への手段が、一九六九年の「全港湾建設支部西成分会」の設立により、初めて労働運動という形での関わりが可能となった。西成という冠は、全国組織であり、国と府の労働市場の制度化にもとづく労働者側の対応、行政要求、メーデーなどをベースにした組織化という面から、西成分室から西成労働福祉センターと呼応する形で、冠が選ばれたものと推測する[9]。

万博後時同じくして、全共闘による東大紛争をピークとした学生運動が下火になり、山田實の表現を借りれば「当時の安田講堂での敗北後、窮乏革命論に影響を受け、その闘争現場としてふさわしい釜ヶ崎の現実に、学生運動の精鋭がこの地になだれこんできた」（水内 二〇一六）のである。万博工事死亡者の追悼会を、西成分会に加え、一九七〇年三月に結成された「釜ヶ崎解放戦線」や「釜ヶ崎大学」とともに三角公園で行った。同時期には釜ヶ崎で活動するキリスト教団体の連携する組織として、「釜ヶ崎キリスト教協友会」が生まれる。そしてその年末から一九七一年始めに、第一回越冬が行われる。ここで主宰した「西成分会」とは別に、諸団体、個人が「釜ヶ崎越冬対策実行委員会」を結成し、四条が辻公園（現花園公園）で炊き出し、医療活動を行う。同年には第一回の釜ヶ崎メーデーが行われる。越冬については、四条が辻公園に加え三角公園を使って、炊き出し、医療相談、文化活動などをセットにした越冬闘争が繰り広げられる。この中で、医療活動が「釜ヶ崎医療を考える会」として組織化される。この活動は、一九八七年の「釜ヶ崎医療連絡会議」につながる。

一九七二年五月の第一七回「暴動」では、鈴木組の暴力支配を許さないというスローガンで闘われ、いよいよその六月には、「暴力手配師追放釜ヶ崎共闘会議」、通称「釜共」が結成、「野鳥の会」という事務所名にて、一連の「暴動」や夏祭りを、手配師、さらに暴力団との激しい攻防の中で繰り広げてゆく。暴力団事務所の襲撃や、三角公園では、やくざのばくちの場の拠点に楔を打ち込むことを、夏祭りを名目にしてやり遂げてしまう。このように釜ヶ崎という冠となる地名に多くの闘いのエネルギーが次から次へと注入されてゆく。

「釜共」の運動そのものが、暴力飯場とか、地域の暴力に対して、非常に先鋭的に突出して戦いを挑んで力関係を運動側にこじ開けた。しかし当時においてあまりに突出していて、孤立を深め警察の弾圧も受け瓦解していく。その流れは、石油ショック後の不況の中、越冬闘争で、花園公園での中期間のテント村闘争と、暴力飯場に対する戦いを主軸にした運動に継承される。テント村闘争は、花園公園から仏現寺公園、そして四角公園へと代執行のたびに移り、公園名に占有と排除の闘争を記憶づける。これを主導した「越冬闘争実行委員会」は、一九七四年秋に「仕事保障期成同盟」、そして一九七五年三月に「釜ヶ崎仕事保障闘争委員会」と名称を変えてゆく。さらに日常的に、恒常的に権利を守っていくようなものとして、やはり組合をつくる必要があるとことで、一九七六年六月に「釜ヶ崎日雇労働者組合」が設立される。図11は、一九七八年～七九年の第九次越冬時に本組合によって作成された地図で、特にその活動が展開された公園や関連施設を示しているので参照して欲しい。

この一九七六年が景気のどん底となったが、同時に「建設労働者の雇用の改善等に関する法律」ができ、元方責任や労災などの規準を明確化し、雇用者に縛りをかける形で、公共土木事業などをこなしてゆく基盤としてゆく。その中で、一九七九年ごろから景気が持ち直し、第二次石油ショックはあったものの、仕事が出るので、待遇改

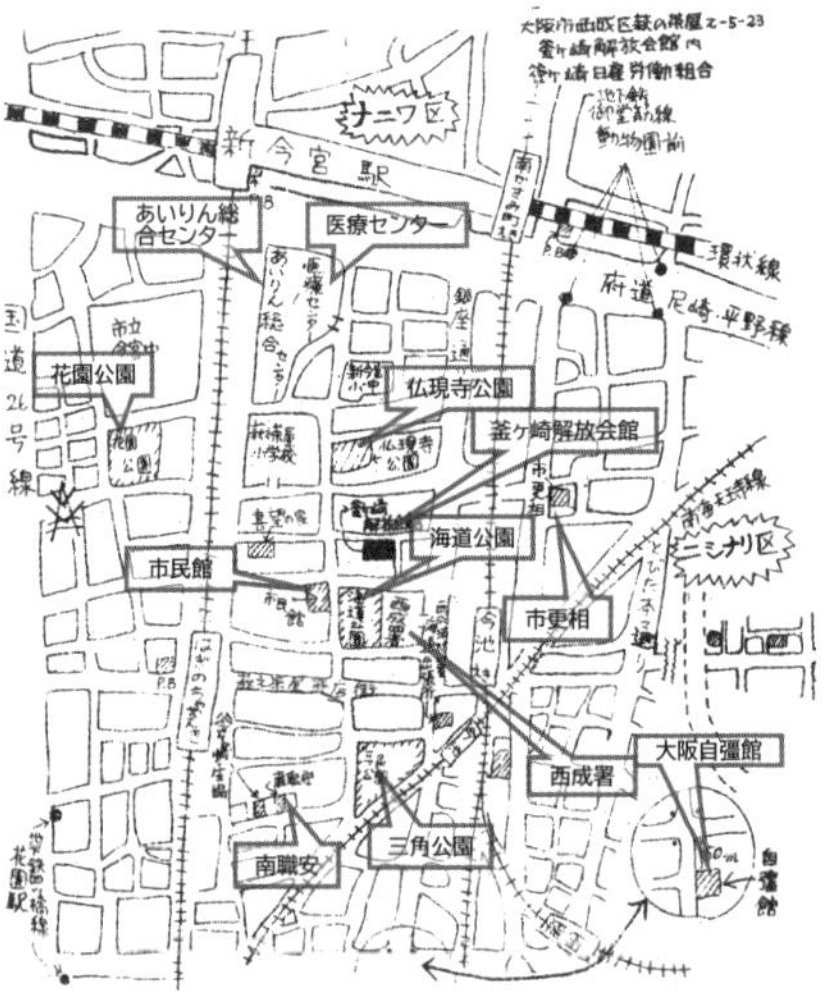

図 11　1978 年から 79 年第 9 回越冬時に釜ヶ崎日雇労働組合が作成した地図

出典：「釜ヶ崎越冬小史」
www.kamamat.org/siryou-ko-1/etutou/nitukan/1-23-1.pdf

善を目指し、あいりん総合センターの寄り場を舞台に、労働者が賃金を定めてゆく山田實の言う「統帥権」を獲得する戦法に出る。全業者に要求書を突き付けて賃上げ闘争を組織し、飯場の待遇改善要求と併せて攻めていく形をとった。一九九二年までには当時の最低賃金を、日給一三五〇〇円まで押し上げるに至った。飯場改善の闘争は現場闘争として、近畿各地の飯場に押し掛ける形で釜ヶ崎の地名を知らしめることになる。

その過程において拠点として一九七八年に「釜ヶ崎解放会館」を設立、また「釜日労」との路線の相違もあり、一九八一年には「釜ヶ崎地域合同労組」が設立される。あいりん総合センターの三階フロアでは、一九八〇年から配布され始めた「釜ヶ崎夜間学校」の取り組みが始まり、資料収集と随時の研究会が釜ヶ崎内のアパートで開かれた。それを「釜ヶ崎資料センター」と呼んだ。膨大な機関紙や資料を収集し、刊行物の「釜ヶ崎資料」は、釜ヶ崎を十分な研究対象とするに堪えうる貴重なアーカイブとなり、実践的課題の取り組み法の提示や、労働運動を記録化する文化・研究活動の発信拠点ともなった。一九七七年設立の聖フランシスコ会の「ふるさとの家」のプレゼンスも大変大きいものとなる。

釜ヶ崎の地名の圧倒的な露出に対し、注目しておかねばならないのは、一九八四年の在籍学生がゼロになった「新今宮小中学校」の閉校に伴う建物利用として、大阪自彊館の創設者の中村三徳を冠とした救護施設「三徳寮」の設置、オール大阪を対象とした住居のない人への一時的なリフレッシュの可能な無料宿泊施設の「三徳生活ケアセンター」の併設と、釜ヶ崎の福祉を原点となる中村三徳を顕彰する冠がつく。また文化施設としての図書室として、「新今宮文庫」が開設されたがこの冠は新今宮小中学校の跡地であることに由来しよう。公設民営であるために、圧倒的な存在感を示していた釜ヶ崎の冠を用いていないことを付言しておきたい。

五．釜ヶ崎の表象の変化と特区構想、新今宮の登場

（1）【第四期】NPO運動が表象する釜ヶ崎とその外延化——一九九〇年代から二〇〇〇年代

一九九一年からのバブル崩壊後の大失業時代は、それ以前の野宿のあり方とは異なり、その規模や野宿層が広範に広がっていくことで大きくその様相を変えた。一九八〇年代では既に野宿者への襲撃がホームレス問題というタームでメディア上で語られ始め、反排除や向けられる暴力、差別の克服という課題が登場してきた。釜ヶ崎においてそれまでの野宿層の大部分は、仕事につけなかったあぶれた労働者であり、特に公共土木事業の端境期の労働需要の調整弁として強いられた野宿であった。しかしこの期になると、仕事そのものがない失業野宿という問題状況が大きく膨れ上がる。ここで釜ヶ崎という地名は、今までの「寄せ場主義」的特定地域だけの問題化から、市民社会に向き合う形で問題を釜ヶ崎外へ突きつけていく発信拠点として使われてゆくことになる。

当時の到達点は、一九九三年の「釜ヶ崎就労・生活保障制度実現を目指す連絡会」、略して「反失連」の登場であった。大失業時代に呼応する新しい社会保障制度で、雇用と福祉の両方を視野に入れたそこでの共通認識は五項目あった[10]。①釜ヶ崎を「労働者の街」として位置付け、労働を通じて社会参加の道を求める人々の町であるとの認識、②釜ヶ崎の存在は日本全体の動きと連動しており、地方行政の枠や既存の制度では対応しきれない課題であることを認識し、課題の位置付けを地方行政から国政課題へと「格上げ」する、③現場の日々の対応、要求闘争を通じて、釜ヶ崎への社会的関心の集中を図る、という点は釜ヶ崎の対市的また全国的な意味付けにとって大変重要であった。社会変革を見据えた労働者の集団活動で意思表示する場面を釜ヶ崎でつくって、社会に訴え、国・府・市に向けた確固とした法制度確立のための課題提起と促進のための運動を釜ヶ崎から行うことを宣言した。

釜ヶ崎での今までにない特徴的な動きは、この「反失

連」を軸にして、一九九四年に「あいりん総合センター」の「寄り場」の夜間開放を勝ち取ったこと、そして府に国の緊急雇用対策の資金を利用した高齢者就労対策を小規模であるが開始させたことにあった。阪神淡路大震災後、一時雇用は持ち直したものの、一九九七年以降深刻な状況は続き、センター夜間開放、府庁から市役所での野営闘争、そして三徳寮横の市有地でのテント建設、高齢者特別清掃事業（特掃）の拡大と、波状的に運動を府・市に突きつけてゆく。

運動的にも「寄せ場主義」と呼ばれるものから、野宿者問題を通じて、部落解放運動と結びつき、「国道二六号線は大きな川」と表現されてきた東側の釜ヶ崎と西側の同和地区との間を架橋する、「野宿者と釜ヶ崎労働者の人権を守る会」が、「釜ケ崎差別と闘う連絡会」（一九八五年設立）から改称される。一九九六年にはハビタットと連携しながら人間らしい居住を享受する権利を追及する「釜ヶ崎居住懇」が発会、アカデミズムも参与する形で一九九七年に、「あいりん地区総合対策検討委員会報告」が「あいりん地域の中長期的あり方」として公開され、一九九八―九九年の大阪市大を中心に大阪府大も参画した野宿者の概数調査からヒアリング調査は、課題や現状の見える化、展望でバックアップした。

重畳する運動と広範となった止まることのない野宿化が一九九九年に、国・府・市を大きく動かし、初めて中央政府からホームレス施策が打ち出される。それと伴に予想される事業化の受け皿づくりにつながる議論が、地元の釜ヶ崎／あいりん地域で始まることになる。一九九九年の「あいりん・わいがや会」はその先駆けであった。野宿の進行に危機感をもった大阪自彊館の理事長が中心となって、連合町会も交え、野宿対策を先にしないとまちの発展も何もないだろうと、野宿者が排除するわけにはいかないという社会包摂の概念で一気呵成に突き進むことになる。その集大成として、「ＮＰＯ法人釜ヶ崎支援機構」が設立される。地域のＮＰＯとして、半ば公的なものとして、連合町会長、地域社協、子ども関係の施設、アカデミア、そして人権団体などを包含し、設立代表者を地域の宗教者としたものであった。そうした地元重視のネットワークで釜ヶ崎という冠が採用されたことになる。[11] また現役厚生省官僚が主導した「日本型ＣＡＮ研究会」も、並行して釜ヶ崎／あいりん地域の社会包摂を念頭にしながら、メンバーが重なる形で進められた(12)。

労働運動の本流のひとつである「連合」は、従前は釜ヶ崎の日雇い労働者の運動を包含してこなかったが、一九九〇年代から野宿問題や釜ヶ崎に目を向けるようになった。一九九六年に「連合大阪」が「あいりん地区問題プロジェクト」を立ち上げ、一九九八年から九九年にかけて、調査やシンポジウムを繰り返し、国会や政府の働きかけの調整役も担いつつ、二〇〇二年のホームレス自立支援法に至った流れをサポートする。野宿者／ホームレス支援組織も全国的に寄せ場や新宿・北九州を中心に強く動きながら、法制化の動きを強く推進した。釜ヶ崎あるいは寄せ場問題の全国化という現象が、公園での野宿状況を通じて進行し、それに対する対応策が一斉に二〇〇〇年から動き出すことになる。釜ヶ崎／あいりん地域では当たり前の光景であったシェルターや炊き出しが、ターミナルや大規模公園で行われ始め、ホームレス自立支援センターや三公園での仮設一時避難所、「三徳生活ケアセンター」の強化・フル稼働と、矢継ぎ早に緊急ハウジング供給が打ち出される。この過程で、市内の公園野宿者への排除反対を唱える、釜ヶ崎に関係してきた組織の活動が「釜ヶ崎パトロールの会」、「長居公園仲間の会」などの名称で、市内各所公園の野宿現場でも行われた。

また釜ヶ崎からの需要にも応え

図 12　2001 年ごろ釜ヶ崎／あいりん地域の施設、組織や活動状況（筆者作製）

るべく生活保護施設を全国的にも格段に多く整備してきた大阪市の、施設を一貫して利用する生活保護の打ち方に対して、アパートでの生活保護を求めた「佐藤訴訟」で二〇〇三年に市側が敗訴する。また同年、厚生労働省社会・援護保護課長通知により、ホームレスに対する生活保護の適用を積極的に推進することが全国に発信された。この敗訴と運用変更でもって、釜ヶ崎／あいりん地域では、一気に高齢単身男性の居宅保護が始まり、福祉アパートや支援機能強化型のサポーティブハウスがその受け皿となった。大部分は簡易宿所の転換であったが、現役労働者の宿所から生活者の居所への大転換が始まった。

こうした転換を反失連の二〇〇四年まで続く市役所、中之島を中心とする大規模な野営闘争がバックアップした。また、「釜ヶ崎居住懇」改め一九九九年に登場した「釜ヶ崎のまち再生フォーラム」の月例の勉強会企画も、釜ヶ崎／あいりん地域の分断されがちであったネットワークを結び付け、その結びついた力を、内外に発信、あるいは共有される格好の役割を果たした。この二〇〇〇年代初頭の状況は図12を参照いただきたい。

（2）【第五期】労働と支援のサービスハブと新今宮ワンダーランド――二〇一〇年代の躍動

一九九五年に一・三万人近くいたあいりん地域の労働する人口は、二〇一五年には千五百人と八分の一に減少し[13]、労働者の縮減により、簡易宿所のかなりの部分が福祉アパートに転換した。この福祉アパートでは居住福祉の支援が手厚くなり、いわゆる脆弱な層への支援が地理的にも集中するサービスハブ地域＝釜ヶ崎／あいりん地域としての存在感を今度は高めてゆくことになる。就労面では、五五歳以上で生活保護を受給しない人の一般就労対策としての「特掃」が釜ヶ崎／あいりん地域では定着した。五五歳未満の若年層の就労対策として、オール大阪を対象にホームレス自立支援センターの退所者中心に就労支援を行うホームレス就業支援センターが、「NPO法人釜ヶ崎支援機構」により二〇〇五年から始まる。

またネットカフェ難民や派遣村の経験で、不安定居住層への支援が活発化し、これが二〇一五年の生活困窮者自立支援法につながってゆく。全国の釜ヶ崎化へのオール日本的政策対応であったとともに、釜ヶ崎／あいりん地域への就労支援面での対応などで、支援資源集中をメリットとして当面生かすことになる。その中で二四区で巡回相談を起点とするホームレス施策が始まって以来、二五番目の区福祉事務所ともいえる市更相を拠点とする「あいりん施策」は、巡回相談というインテイクの部分でホームレス施策とすみ分けていた。二〇一三年度をもって市立更生相談所条例は廃止され、あいりん地域限定のサービスを規定してきた条例上の支えはなくなった。「ホームレス就業支援センター」や「生活ケアセンター」はオール大阪に対応し、釜ヶ崎／あいりん地域の支援の集中は、一方であいりん地域で発生する問題やサービス需要に特化するものと混在し、オール大阪の問題を釜ヶ崎／あいりん地域で今後も引き受けるのか、違う機能での新陳代謝に委ねるのか、その模索段階においていきなり「西成特区構想」が疾走し始めた。

二〇一二年初頭に当時の橋下市長のもと、突然ともいうべく打ち出された特区構想は、「西成をえこひいきする」という意表を突いた構想であった。短期的課題において集中的にあいりん地域でその改善に取り組むことになり、その意味で不法投棄ごみ、駐輪、街路灯、通学安全対策、結核対策などの環境整備や支援サービスの強化が、第一期計画（二〇一三年～一七年）で著しく進むことになる。[14]これらの短期的課題はあいりん地域に集中し、多くの事業名の冠にあいりんがつけられた。一方で全市的あるいは全区的な取り組みを特区構想に取り込んだ場合には、無冠か西成という冠が使われた。多くの点で区内他地域、あるいは他区と比べ地域状況の水準はゼロ以下のマイナス状態であり、とりあえずこれをゼロ状態に戻すということが先決となった。今後を考えるスタート地点と位置づけ、上述の模索は棚上げできた。この短期的課題対応のために、二〇一四年に「萩之茶屋地域周辺まちづくり合同会社」が地域内で誕生する。この萩之茶屋という冠は、「釜ヶ崎のまち再生フォーラム」の外向きの企画とバランスを取る形で、地元密着で二〇〇〇年から開かれていた、「萩之茶屋地域周辺まちづくり拡大会議」を基盤にしていた。[15]

続いて第二期（二〇一八年～二二年）になると、この模索の決着すべき方向性を熟慮せねばならないプログラムが目白押しとなった。「あいりん総合センター」の建て替えの議論が段階的に始まる。「弘治小」、「萩之茶屋小」、「今宮小」の三小学校の統廃合で「いまみや小中一貫校（新今宮小学校、今宮中学校）」が生まれ、「萩之茶屋小」の跡地に、新築高層の「市営萩之茶屋北住宅」が二棟、「大阪社会医療センター」の新築と、教育、住宅、医療のインフラ整備が行われた。これも広義の環境整備の一環といえるが、この「あいりん総合センター跡地等活用事業」、「新今宮エリアブランド向上事業」、「地域密着型エリアリノベーションビジネス促進事業」（イベント実施）、「公共空間利用モデル構築事業」（「萩小の森」整備事業）と、「西成版サービスハブ構築・運営事業」（サービスハブ西成：どーん！と西成）、「西成区単身高齢生活保護受給者の社会的つながりづくり事業」（ひと花センター）という、前者のにぎわいと後者の福利を両輪とする釜ヶ崎／あいりん地域の将来構想を支える事業が打ち出される。(16) 後者のサービスハブ事業で西成区内の生活困窮のニーズをあいりん地域／釜ヶ崎で取り上げ、前者では、新今宮駅前の立地を生かしたオール大阪やそれ以上の需要を引き出す可能性も含めて構想されている。生活困窮のニーズは議論の最中であるが、ワンストップ相談窓口を新労働施設に設ける方向で議論されており、このニーズは西成区内に留まるものでないと予想される。

この特区構想は釜ヶ崎／あいりん地域の将来をめぐる模索に、時間の区切りをつけてまさしく具体化することが要請され、今のところ両輪＝ダブルエンジンで進む方向で意見の集約が図られている。その中で「新今宮エリアブランド向上事業」は、曼陀羅で新今宮の「ワンダー」を描くという、歴史も現在も格闘も利益も幸運も一平面に六つの聖地をキーワードで鳥瞰し、上述の両輪も意識しつつ、区境を気にせずさらにバラエティを富まし、新今宮というエリアブランドとしてまとめ上げた絶妙なプランとなった。

第一・二章で相当紙数を割いて述べたかつての今宮村、天王寺村のまとまりを鉄道が敷設されたことによる人工的な境界で、南北で全く違う歴史地理を見せた。このプランはこうした違いを生かし、現代この境界を乗り越え、白地のままのイメージであった新今宮駅前と取り巻く周辺地域のいくつかの地域ブランドを腑分けし、それぞれの類い稀な聖地形成の物語を描き出した。「労働の聖地」「福祉の聖地」の両輪を、他の聖地でさらに多輪化したものであり、そこでは今まで指摘してこなかった民間セクターの果たす役割が大きかったと言える。

特に「宿泊の聖地」として一部の簡易宿所経営者が二〇〇〇年代から取り組んできた。その舵切りの先頭を切ったのが二〇〇二年のある簡易宿所のホームページの多言語対応であり、二〇〇九年の「新今宮観光インフォメーションセンター」の運営開始であった。このような国際観光客や国内のビジネス客をターゲットとする経営の転換は、二〇一〇年代のインバウンド需要の急増により拍車がかかり、大阪市内でも有数の国際集客エリアに成長した。同時に民泊も急激に増え、人口の大きな自然減で遊休となったハウジングの利用や、人口流出や高齢化で手放された物件の利用を中心に、小規模な民泊は特に当地及びその周辺の西成区内に集中することになる。また空き店舗が目立ったアーケード商店街も、中国人不動産業によるカラオケ居酒屋化という、類例のない遊休資源の転換が見られた[17]。そして萩之茶屋各町を除くあいりん地域の周辺では、留学生を中心とするベトナム人を始めとする集住や日越を冠にしたNPO活動も始まった。

「新今宮ワンダーランド」のパワーは、「大阪商業の聖地」[18]「娯楽の聖地」（新世界）といった浪速区側を組み込んだ点に発揮されている。その聖地の系譜は、第二章で述べたように、奥深い都市史に熱く埋め込まれていたが故に。この事業のおかげで、鉄道を挟んだ区境という壁が低くなり、この区境を物ともしないスタディツアーも地元組織の連合体で運営され始めた[19]。

一方、そのパワーの蹂躙を恐れる意見が、ジェントリフィケーション（GF）を危惧する議論を生み出している[20]。釜ケ崎／あいりん地域の不動産市場は、この地に対するスティグマ、簡易宿所という独特のハウジング、住宅面積の狭小性や一部路地型の木造密集エリアの存在等があり、大手不動産市場からは敬遠されてきた。そのため大規模な底地買いは起こっていない。加えて強制的な立ち退きは、賃借人である限り日本では起こらない。具体的には、遊休化している一戸建てや個人店舗の場合は解体かそうでない場合は、形態的に改装され見栄え的にはGFが生じる。密集狭小の賃貸アパートの場合は取り壊される場合が多く、賃借人は別の同レベルの物件をみつけての立ち退きとなる。跡地には新築物件が建てられ、新築GFとなる。外国人の特に留学生の場合には家賃負担能力が低いため、マンションなどの経年の低家賃物件を、シェア居住しながら空室化を埋める形となっている。したがって現状では景観的GFは起こりつつも、階層チェンジがみられているわけではない。当地においてはむしろ景観的GFを通じて低位な不動産価値にお金が回り、サブスタンダードな建造環境の向上を図り、そこで生れた更新された建造環境を利用する、多様な年齢層や国籍を受け入れるソーシャルミックスの状況を実現していくことが現実的であろう。そうした地域イメージを新今宮という地名が生み出してゆくことになる。

六．小括

地理学研究者として、地名には敏感にならざるを得ない。釜ケ崎、あいりん地域、西成、という地名を論文や報告書の中で使い分けきた筆者にとって、使い分けの前提となる地名の歴史的・空間的構成やその系譜は一度書いてみたかったテーマであった。第一・二章で年来の願望を満たすことができた。しかしながら後半のテーマへの接続が、冠とする地名に拘るあまり、地名の表象をめぐる本質的な議論をせずに（能力もないが）、時期変遷的に並べたに過ぎないものとなった。同時にこの変遷の記述が正しいかどうか、年表やヒアリングをベースにしていることもあり、今後十分に論証される必要のあることは言うまでのない、

改めて山田實が述べる「寄せ場主義」ではないが、たかが小字地名がここまでいろいろ意味づけられる地域は、日本全国見渡しても他にはなかろう。東京の山谷も、もともと江戸藩政村の山谷村で、町屋が増えて浅草山谷町と山谷地方村に分かれたが、今宮と同じ江戸藩政村を起源とする。これまた偶然であろうが「釜」が語感としてソ連や中国国旗の「鎌」と相通じる闘うイメージを彷彿させたことも、特に新左翼運動の展開の中で、釜ケ崎が運動の聖地化する役割をこの地名は十分に果たしたと言える。

あいりんや西成という地名の冠について、あいりんは基本的には特に市の行政のサービス開発や調整、実施にあたってのさまざまな経験が思い起こされるか冠であろう。西成は人によってその指し示す空間は伸縮するが、労働施設における西成の冠は府の行政により使われてきた。さらに本稿では述べなかったが、「西成差別」の根

深さについて十分に認識しておく必要がある。特に当地の西方の同和地区における西成という地名の持つ意味については、別稿[21]を参照してほしい。

冒頭にも述べたように、新今宮駅の駅前イメージを白地のキャンバスに例えたが、民間セクターの自由なイニシアティブをもとに、新しいもう一つのイメージが付加され始めた。それぞれの地名のもつ歴史地理の系譜を踏まえつつ、多様な顔を持つそのバラエティを生かした、寛容で包容力のあるかつチャレンジを後押しする新今宮で、新しい地域の物語を紡いでいく試みに期待したい。

【参考文献】

本田良寛（一九六六）『にっぽん釜ケ崎診療所』朝日新聞社

水内俊雄、福原宏幸ほか（二〇〇二）「西成差別の実態とインナーシティにおけるまちづくり―大阪市西成区を事例として」『空間・社会・地理思想』七号、一七―三七頁

水内俊雄（二〇一六）「山田 實――運動の聖地、寄せ場釜ヶ崎から」苅谷剛彦編『ひとびとの精神史八　バブル崩壊一九九〇年代』岩波書店、三四三―三七〇頁

水内俊雄（二〇二三）「都市発展の同心円モデルと東京・大阪の環状鉄道と郊外鉄道の形成」『地理』二〇二三年一月号、三六―四三頁

【注】

(1) 大阪市役所のＷＥＢを紹介する。http://www.city.osaka.lg.jp/nishinari/page/0000530720.html

(2) ここでは町部分の地名構成は扱わない。大阪でいうと、船場、島之内、天満の城下町エリアにあたる。

(3) これ以降の年代別記述の情報は、松繁逸夫氏作成の、「釜ケ崎総合年表」から得ている。http://www.kamamat.org/nen-pyou/nen-frame.html

(4) 一九六一年には生活衛生同業組合法の施行に伴い、「大阪府簡易宿所生活衛生同業組合」に移行。

(5) この４（１）の記述は、松繁逸夫氏作成による「釜ケ崎総合年表―１９５０年代」および「同―１９６０年代」をもとにしている。

(6) この４（２）の記述は、松繁逸夫氏作成による「釜ケ崎総合年表―１９６０年代」及び「同―１９７０年代」をもとにしている。

(7) 大阪社会医療センター職員の奥村晴彦氏よりのヒアリングによる

(8) この４（３）の記述は、松繁逸夫氏作成による「釜ケ崎総

合年表―1970年代」及び「同―1980年代」をもとにしている。

(9)労働運動などに関する情報は、二〇一六年初頭に六回行った当時の釜ヶ崎日雇労働者組合の委員長であった山田實氏へのヒアリングと、それをまとめた水内（二〇一六）に依拠している。

(10)逃亡者こと内田氏の作成による「釜ヶ崎越冬小史」第一回から第二三回まで、一九九五年八月発行より。松繁氏の「釜ヶ崎総合年表―1990年代」に掲載。

(11)関わった松繁氏からは、「「あいりん」にした方がいいのでは、と言う声もありましたが、知らん顔してました。だから、議論はなかったと思います」、との説明をいただいている。

(12)この研究会の成果は『あいりん地域の構造把握基礎調査報告書』http://www.kamamat.org/yomimono/gendai-kiso-09nen/gendai-kiso-moku.html にまとめられている。また厚生官僚であった炭谷茂氏の回想もいくつかある。

(13)この職業人口は、二〇一五年国勢調査一㎞メッシュ統計で、当地をカバーするメッシュから算出したものである。

(14)以下の記述は、大阪市の西成特区構想のウェブサイトと、西成区役所の特区構想担当課の職員の皆様からのヒアリングから得た情報によるものである。

(15)この合同会社や拡大会議の系譜については、ありむら潜氏から情報を得た。

(16)「西成特区構想」の財源的特徴は、他区にはない市長重点経費であり、「効果が市全体に及ぶ」というのが要件のもと、西成区以外で採択されている区事業はない。この対象事業は二〇二二年度において、「西成区こども生活・まなびサポート事業」、「プレーパーク事業」、「西成版サービスハブ構築・運営事業」、「西成特区構想エリアマネジメント協議会運営事業」、「あいりん総合センター跡地等活用事業」、「あいりん地域環境整備事業（巡回・啓発等）」、「新今宮エリアブランド向上事業」がそれにあたる。

(17)商店街の空き店舗の利用という、NPO法人ココルームの存在は出色であり、本稿との関係では、「釜ヶ崎芸術大学」の運営を指摘しておく。

(18)二〇一九年にオープンした、外国人就労紹介、研修、生活支援、在留外国人に向けたサービスを行うYOLO BASEの存在は、この聖地エリアに新しい風を吹き込んだ。

(19)その運営主体は「新今宮エリア魅力向上有限責任事業組合（LLP）」であり、二〇一三年八月に設立された。

(20)『空間・社会・地理思想』二三号（二〇二〇）において、「新自由主義／ジェントリフィケーションに向き合って」の特集を組み、「西成特区構想」に関連するGFの見方を何人かの寄稿者が披露している。

(21)簡便には、水内俊雄・福原宏幸ほか（二〇〇二）を参照のこと。詳しくは、西成差別実態調査研究会（代表 福原宏幸）による『西成差別実態調査報告書』（二〇〇二年）を参照のこと。

〔寄稿〕
井の中の蛙、現場の言葉は届けられるのか。
――釜ヶ崎と飛田のあいだの商店街で一五年働き、そこにいることの言葉のならなさ。もれ。

上田　假奈代

井の中の蛙の世界、おもに釜ヶ崎

最初に、蛙の井戸の中の世界を紹介する。

大阪市西成区通称・釜ヶ崎に関わって、二〇年になる。二〇〇三年に大阪市の現代芸術拠点形成事業に参画し、大阪・新世界フェスティバルゲートでココルームを立ち上げた[1]。舞台スペースを設け、喫茶店のふりをしながら、三六五日であいと表現の場をつくりつづけている【写真①】。

二〇〇四年、団体をNPO法人化し、二〇〇七年一二月市の事業終了に伴い、二〇〇八年一月釜ヶ崎に移り、元スナックを借りて「インフォショップカフェ・ココルーム」を運営する【写真②】。二〇〇九年六月向かいに「カマン！メディアセンター」を開設（どちらも二〇一六年三月まで）した【写真③】。

当初「釜ヶ崎メディアセンター」と名づけようとしていたが、商店街会長から「この商店街に釜ヶ崎という名前の看板があがるのはちょっと困る」と言われ、地域内でのコミュニケーションも生まれるメディアンセンターを、ということで「カマン！メディアセンター」を名乗る。メディアセンターとは名ばかりで、機材も編集機能もない。軒先にモニターを置いて、地域の古い写真を流して商店街の人たちや旅人、もと労働者の人たちが足をとめ、おしゃべりが生まれることをメディアと呼んだ。

そして、地域のもと労働者のおじさんたちの高齢化がすすみ、商店街の音が変わる。歩行器を持つゆっくり

ゆっくりの音になってきたことに気づいて、二〇一一年あいりん総合センターそばで表現のワークショップ「まちでつながる」を月に一回（全九回）開催する【写真④】。毎回参加した坂下さん（ちょうど断酒を始めたばかりだった）が「酒はクスリ（抗酒剤）でやめるんやない、人生の喜びでやめるんや」と話したことをうけて、生活のリズムとなる継続的な釜ヶ崎芸術大学（以下、釜芸）を考えた。

二〇一一年、釜ヶ崎のまちを大学に見立てた。「学び合いたい人がいればそこが大学」として誰もが無料（カンパ歓迎）で参加できる。年間八〇～一〇〇講座を開く【写真⑤】。二〇一九年には釜芸の講座として、地域のもと労働者のおじさんたちが先生となって、ココルームの庭にスコップで掘る井戸掘りを行った【写真⑥】。

二〇一四年ヨコハマトリエンナーレ二〇一四に釜芸として参加して以降、毎年さまざまな展覧会・芸術祭に呼ばれるようになる【写真⑦⑧】。活動を「ソーシャリーエンゲージドアート」として解釈されることが増えたが、この活動は主語がアーティストではなく、グループダイナミックスと感じているので、このような名づけに違和感を持っている。

ヨコトリ出場の頃から、商店街にはカラオケ居酒屋が急増し、当法人の喫茶店業が経営不振となり、新規事業として宿泊業を起こす。二〇一六年四月、同商店街の南に、三階建て一〇室三五ベッドのゲストハウスを開設した【写真⑨】。庭もあり、「ゲストハウスとカフェと庭コ コルーム（現在は、ゲストハウスとカフェと庭 釜ヶ崎芸術大学）」。インバウンドもあいまって、地域と交流できるゲストハウスとして、外国人が多く宿泊し、学生たちのフィルドワーク合宿受け入れや企業研修など、複合的なゲストハウスとして展開している。コロナ下でも休業せず、仕事や住まいを失った人たちの受け入れ先にもなった。地域内では緊急事態宣言のため閉まった居場所が多く、庭が行く場所のなくなった人たちの憩い場所ともなった。

釜芸講座はオンラインを併用しハイブリッドで続けた【写真⑩】。二〇一九年にこの街の象徴的な建物である「あいりん総合センター」が閉鎖したことをうけ、建て替え施設の中に「釜ヶ崎アーツセンター」を構想する【写真⑪】。二〇二一年に構想をはじめ、一年かけて「働く✖アート」をアーツセンターのテーマとして持つようになり、細々と対話を続けている。

そして、二〇二二年の晩秋から空港が開きはじめ、インバウンドの波が起こり、ゲストハウス業が忙しくなり、スタッフ急募しているもののうまくいかず、この世で働くとは何か、を考えながら、年中無休でドタバタと日々をすごす釜ヶ崎の蛙である。

写真① 大阪新世界フェスティバルゲートの一室から始まるココルーム（二〇〇三年）

大阪市の現代芸術拠点形成事業「新世界アーツパーク事業」は2002年開始。2003年にココルームも参画する。2007年に事業が終了する。

写真②（上）動物園前商店街の東側インフォショップカフェ・ココルーム、西側カマン！メディアセンター
写真③（下）カマン！メディアセンターの軒先

商店街をはさんで向かい合った2店舗のココルームを展開する。学生中心にセルフビルドしたカマン！メディアセンターは通りすがりのおじさんたちが手ほどきしてくれ、手伝ってくれた。

写真④（上）「まちでつながる」のワークショップの様子。講師：岩橋由莉（表現教育実践家）（二〇一一年）
写真⑤（下）釜芸「天文学」釜ヶ崎の三角公園で望遠鏡から星をみる。講師：尾久土正巳（天文学者）

釜ヶ崎の街なかで表現ワークショップを展開した2011年。扉を開けると野宿の方が休んでいる場所。「ごめんなさい」と言いながら出入りしていた。

天文学の講座は釜芸の始まる２年前、和歌山大学で偶然目にした尾久土正巳先生のお話が面白くてカマン！メディアセンターで天文学の講座をお願いした。先生も吃驚しながら引き受けてくださって、この時、先生の人生の挫折のことから話が始まったことを今でも鮮明に覚えている。

写真⑥釜芸「井戸掘り」四・五メートル掘る。（二〇一九年）

詳しくは、記録本「釜芸、井戸を掘る」（2023年托口出版）でご覧ください。コロナを経てやっと言語化できた井戸掘りは、不確実な人生への向き合い方を教えてくれた。

写真⑦（上）ヨコハマトリエンナーレ二〇一四
釜芸炊き出しカフェ（二〇一四年）
写真⑧（下）ヨコハマトリエンナーレ二〇一四
展示風景（二〇一四年）

おそらく前代未聞のことだったと思う。国際芸術展に釜ヶ崎芸術大学が参加するなんて。炊き出しカフェは２日間で1100食。寿からも炊き出しに来てくれた。展示スペースでは大勢の人がゆっくり時間を過ごしたようだ。いまだにヨコトリを見た、と訪ねて来てくれる人がいる。

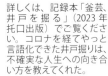

写真⑨（上）ゲストハウスの一室、森村泰昌（美術家）✖坂下範征（釜ヶ崎もと日雇い労働者）「Our Sweet Home」

写真⑩（下）釜芸、ハイブリッドで開催する「ことばとからだとおんぱ」砂連尾理（振付家）、野村誠（作曲家）、上田假奈代（詩人）（二〇二一年）

ゲストハウスの各部屋にはテーマを設けている。この部屋は坂下さんの言葉を森村泰昌さんに託し構成していただいた。泊まった人はきっと不思議な夢を見るだろうから「夢日記」を書いてもらうノートが置いてある。

大阪大学と協働する講座「カマハン」で作成したみみずコンポスト。みみずをテーマに即興のパフォーマンスを行う。釜芸の講師のほとんどが即興に強い。

写真⑪「釜ヶ崎アーツセンター構想を構想する」大阪関西国際芸術祭（二〇二二年）

大阪で始まった国際芸術祭の初年度から毎年参加している。船場にあるオフィスビルに釜芸（ココルーム）を引越ししたような空間をつくる。もちろん釜ヶ崎の釜芸も展覧会場であり、２箇所での展示となる。

わたしたちのちいさな自治

この世では、日々の暮らしを丁寧に、と言われ、地球温暖化対策をはじめ、誰ひとり取り残さないためのSDGsなど、気にしないといけないことが多い。ところが現実生活というこの世では、物事を大雑把に分断し、矛盾を縦横無尽に横断する。いたしかたないのだけど、それでも、当たり前を疑って工夫をつづけることは「生活」になり、「生活」ゆえに厳密でもなく、そのためわざわざ語ることでもなくなってゆくのだが、ここでは、ココルームのまかないご飯について書きたい。

「食べる」は生命維持にとてつもなく大事だし、身体への影響も大きく、幸福や快楽でもあり、社会や経済にも左右する。

ココルームでは二〇〇三年四月からほぼ三六五日、お昼ごはんと夕ごはんは、スタッフもお客さんもみんないっしょに食卓を囲む【写真⑫】。もう二〇年になるから、わたしは何千人と食卓をともにしたことになる。

特徴は、料理のプロではない素人の手作りの大皿料理。その場にいるいろんな人が手伝いに参加する。お客さんからはお金をもらう。貧乏でお金のない人もいて、どうするかは都度話し合いをしてきた。無銭飲食されて警察を呼んだこともあるが、事前に相談いただければ、その場でご馳走する人を探したり、こちらで負担したこともある。近年は、懐に余裕のある人が「恩送りチケット」を購入し、お金のない方にはそのチケットで食べてもらう寄付の仕組みも導入している。

食卓を囲んで同じものを食べるときには、みんなで雰囲気をつくっていくことになる。はじめて会った人たちとも楽しくすごさないと楽しい食事時間にならない。時には怒りや情けなさで砂をかむような味になって、気まずい時間になったことも幾度となくある。

食卓の話題は流れに流れてゆくが、そこで語られるのは、社会でまだトピックになっていないけれど、関心や困りごとなどの社会のニーズをキャッチする時間でもあった。ココルームの初期はとくにこの食卓の時間から生まれた事業がいくつもある。就労支援事業や障害者とともに活動する事業がそうだ。

釜ヶ崎に移ってからも、いっしょに食べている【写真⑬】。

ある時、ひとりのおじさんが座ったとたん、激しく怒り出した。まだ食卓には誰も座っていなかった。この人はココルームにときどき来てトラブルを起こす人だった。わたしは彼に近づき「みんなでご飯食べるの、恥ずかしいの？」と聞くと、うなづいておいおい泣き出した。彼の性分や来歴を少しだけ知っていてそんな聞き方をしてしまったのだが、いっしょにご飯を食べていると、彼だけでなく泣いてしまうおじさんたちを何人も見た。そもそも、スタッフがいっしょに食べることに驚かれる。

こんな仕事（サービス業やマネジメント業）をしていると、働く人の食事は後回しになりがちだ。みんなでだいたいの時間を目安にご飯を食べる、と決めたら、働きもそれに合わせることができる。キッチンに立つ人はさまざま。カフェ担当スタッフがいる時期もあれば、いない時期もあり、その日のスタッフとボランティアの人たちが作ることもある【写真⑭】。食材の差し入れはありがたい。ときには、その人が食べきれないからと届けてくれることもある【写真⑮】。

大皿料理なのは、理由がある【写真⑯】。飲食店というのは、客の食べ残したものを捨てる。そうしたくなかった。だったら、残しても捨てないよう、取り皿に食べられる分だけ取って、残ったものは次の食事にまわすようにした。バイキングと思って取りすぎる人には「食べ放題じゃなく、みんなでわけて食べます」といちいち言う。客という立場だからといって、サービスされるだけではない。食事を終えると、「お皿を洗っていいですよ」という言い方で参加の自由を選べるように声かけする。

こんなことになったのは、スタッフの健康、社会のニーズを知る、フードロスへの取り組みなど合わさったうえ、ある時期からスタッフが少なくなり、この場を維持していくのが大変で、正直に「困っているんです」と弱さを聞いたからだ。そうしたら、なんだか面白い瞬間が増えていった。ゲストがキッチンに立つ、ゲスト同士のおしゃべりが弾む。出番が生まれる。「ありがとう」に応答する「ありがとう」がある。なんだか元気がでる。

ただ、夕ご飯にお酒を飲みたい人には残念ながら、お酒はお断りしている。あくまで、「まかない」で、ゆっくりご歓談をという時間というわけでもない。夕ご飯を終えたら、スタッフたちはゴミを集め、店じまいの準備をし、今日中に片付けておきたい仕事をする。お酒を飲みたい人は別の店に繰り出したり、宿泊者であれば改めてお酒タイムを過ごす。

一〇数年前にわたしに子どもが生まれてからは、子どももいっしょにココルームで夕ご飯を食べる。子どもは保育園や学校からココルームに帰ってくるのが日常だ。わたしはだいたいいつも仕事に追われているので、子どもは学校の休みの日もココルームでご飯を食べる。仕事場と生活の場が一緒になってしまうことを仕事のオンもオフもないことも、食べるということが後押しをしている。

二〇二〇年の新型コロナ感染症からの三年間はおおいに考えることになった。誰かといっしょにご飯を食べる、大皿料理などもってのほか、だった。だから、みんなで話しあった。最初、スタッフたちは「まかないご飯をやめたい」と言った。この街で一人暮らしをしている人は「毎日ここで食べたい」と言った。多様な意見があり答えは一つではなかった。そして、なぜココルームがまかないご飯をみんなで食べるのかを改めて聞きたい、という声があり、わたしが話をすることになった。話し終えたときに、一人のスタッフから「このまま大皿でいきましょう」と声があがった。わたしはコンセプトを文章にし note にアップした(2)。

希望があれば個別食の用意もするが、基本はこれまで通りに。コロナが落ち着くまではＳＮＳに写真は掲載しないことにした。

わたしたちのちいさな自治。

これらが、ココルームでのご飯にまつわるあれこれだ。

三六五日かける二回の食事を二〇年。

いろいろなキッチンがあり、食卓があり、ありすぎて、表せない。

ただ確かに言えることは、わたしはここで食事をして生きながらえている。

そして、みんなのまかないご飯に、数えきれない出会いがあった。

写真⑫ みんなで食べるまかないご飯。一二時と一八時

2003 年から毎日つづく。専任のカフェスタッフがいないときはスタッフが交代で、ときにはゲストもまじって食事をつくる。片付けもゲストがまじる。比較的野菜中心で健康的。

写真⑬（上）釜ヶ崎のおじさんともいっしょにご飯を食べる
写真⑭（下）みんなでお茶づくり

釜ヶ崎のおじさんたちはひとりでご飯を食べることが多く、ここでの食事は特別な感じかもしれない。ただ、釜ヶ崎だけではなく個食は多くなっていて大勢で食べることを新鮮だと言う人も多い。旅人にはレストランに飽きて、こうした家庭料理が喜ばれる。

お茶は誰でも無料で飲めるようにしている。茶葉が大量に必要で寄付でいただいたり、庭の植物からお茶をつくっている。夏場などは、しょっちゅうお茶を沸かすことになり大変。

写真⑮（上）差し入れでいただく食べ物も多い
写真⑯（下）大皿料理をわけあって食べる

食材、お惣菜、お米、果物、お菓子など、いろいろといただくことが多い。循環するのがいいのだろう。釜ヶ崎にはフードバンクから大量の食材が届くこともある。各団体の冷蔵庫事情を知っている人が届けにきてくれる。

バイキングではなくて、みんなでわけあって食べる。用意は少し多めにしておくので、いつも数名増えても大丈夫にしているが、それでも分量は難しい。

そこにいるから、語れないこともある

ココルームに来た人に「夜、出歩いて危なくないですか」と聞かれることが多い。この街の夜は早く、「労働者の方も、もと労働者の方も、朝早くから働く習慣で夜七時くらいに寝るんです。だから、夜は静かなもんですよ」と答えてきた。

けれど、二〇一四年あたりから、ガールズバーのような中国人のカラオケ居酒屋が並ぶようになった。もともと、釜ヶ崎で中国人のカラオケ居酒屋が増え出したときに、あいりん地区で九九〇〇人が生活保護受給するようになっていた。一曲一〇〇円で歌い、片言の日本語を話す中国人の若い女性に釜ヶ崎の男性たちは「がんばりや」と言える。これが日本の女性相手であればそうはいかないだろう。日本ではこの街に偏見を持つ人も多くいるから。それが二〇一〇年代の釜ヶ崎の商店街でカラオケ居酒屋が増えた理由だと思う。

またたくまにオセロの盤の四隅が取られたときのように商店街の看板が変わった。八百屋や文房具店は閉まり、内装が変わりカラオケ居酒屋になった。そして生活保護受給者の多くは亡くなり、現在は八〇〇〇人ほどになった。カラオケ居酒屋はガールズバーとして認知されたのか、地域外の人たちが通うようになった。

遊郭である飛田新地に向かう男性たちも多い。ホルモンなどのB級グルメもＹｏｕＴｕｂｅで紹介され、お店も増えている。そのため、商店街の夜は繁華街の様相を呈するようになった。喧嘩もあれば、酔っ払って倒れ込んでいる人もいる。帰ろうとしているわたしはよく男性たちに声をかけられる。女性性を強調する言い回しや無礼講のような口調で。

釜ヶ崎の夜が危ない、釜ヶ崎の街が怖い、と言われても、今や地域の外から来た人たちによって物騒になっている。釜ヶ崎に暮らす・働く人たちが怖いということを指しているなら、そうじゃない、と言える。

けれど、それは、居酒屋や飛田新地がその原因だと言っているようで言いにくい。そこで大勢働いているのは女性たちで、それが彼女たちの仕事なのだから！わたしも同じ地域で働いているんだから！

写真⑰ 夕方になるとシャッターが開き、電灯つき看板が並ぶ商店街

昼間からオープンしている店もあるが、夜のほうが賑やか。2023 年頃から路地にまでお店ができた。

売春と釜ヶ崎とわたし

飛田遊郭の習わしでは、自由恋愛をすませた男性は棒付きのキャンディを受け取り、それを持って歩く。それが目印となって他の店から声をかけられることはない。

商店街の掃除をしていると、白い棒が落ちていることがよくある。わたしの自転車の籠のなかに新品のキャンディが置かれていることもあった。

ある日、ゲストハウスの清掃をしていると、部屋の窓際にオレンジ色のキャンディが置かれていた。それを見てスタッフが言う。「半年あまりココルームに住み込みバイトに来てた○○くん、飛田に行って、もったいなくて食べられないって言ってました」。

もったいないなら、どうしてここに置いていったのだろう。大事にしすぎて、忘れたのか。思い巡らしてももちろん分かるわけはなく、このキャンディ、捨てるか、食べるか、どうしよう。キャンディが悪いわけではない。男性たちはキャンディの行く末を自分で決めてほしい。

釜ヶ崎のおじさんたちと話していると、飛田で遊んだ話が出てくる。

「浮気はしなかったんだよ、飛田には行ったけどね」

「飯場から戻ったら、飛田行って遊んだ」

当たり前のように話される。わたしは「そうなのね」と短く答える。これが男性だったら、飛田について会話が弾むのだろうか。

一〇数年前、ココルームの常連として、女衒（ぜげん）の人が通ってきた。

女街という職業の人には初めて会った。売春婦の仲買人。

「今日は東京から（女性を）一一人ほど運んできた。年寄り」

東京？一一人？運んできた？年寄り？

どこに反応していいかわからない。

今この人は、この街で生活保護で暮らしているようだ。道端でよく会い、会えば、そっと挨拶をする。話をすることはない。北海道で優雅に暮らしたい、と言っていたのに。

店先のバザーで派手な色のウエディングドレスを売っていたら、飛田の店のオーナーが女の子に着せると言って買ってゆく。「毎度ありがとうございます」。

このドレスはピンクの照明が当てられる女性の手に。

二〇一一年、飛田のなかにある飛田会館でシンポジウムを企画したことがある。詩人の谷川俊太郎さん、学者の栗原彬さん、劇作家の平田オリザさんを招いた。大勢のお客さんが詰めかけた。その会場の窓からは遊郭の二階がずらっと見える。それらの部屋は女性たちの仕事場だ。昼間だったが、全てのカーテンを閉めた。観客には何もアナウンスをしなかった。

写真⑱ この街のどこかに飛田

日本一高いハルカスビルのてっぺんから撮影した。夕暮れてゆく街で生きている人たちがいる。幸せを求めて。どうしていいか、わけもわからず。それでも生きている。

言葉にならない。声にならない。説明できない。

わたしが自分の女性性を気にすることは、この街で働くには邪魔だった。女性であることでのバイアスをもたらされるときに、いや、わたし自身が自らのうちに持っているバイアスも、釜ケ崎や飛田への偏見のまなざしともぶつかる。その痛みを痛みと感じることは日常にあまりに多すぎた。おそらく鈍感にもなった。わたしは女性性に寄るよりもひとりの人間として存在することに、こころを傾けるようになったと思う。けれど、男性の多い街では男性性に近くなったかもしれない。

二〇数年間、毎日着物を着ている。詩を仕事にするための衣装でもあるが、釜ヶ崎の蛙としてはトリックである。一見女性性を強調しているように見えるだろうが、むしろそれよりも変人・異物として表現することで、女性としての見え方をずらそうとしている。目立つことによって、手出しされないように、という開き直り作戦だ。晒されていることも織り込み済みで。

ココルームをはじめた三〇歳前半という年齢は微妙だったが、やがて二〇年が経過し、一〇数年前に子どもを産み、この街で育てていることがまわりに見えるようになって、楽になったと思う。

けれど、幼い娘に飛田のことをどのように伝えるのか、迷ったけれど、飛田という地名と、そこがどういう場所であるかは、話した。幼すぎて、もう忘れたかもしれないから、また話そうと思う。

二〇一二年、当時大阪市長だった橋本氏が戦争時の慰安婦問題を取り上げた。翌朝、新聞記事でそれを知り、食卓でそれが話題になった。橋本氏の発言に関してパートナーが「よくぞ、言いにくいことをはっきり言った」と言った。それに対して「わたしや〇〇ちゃん（娘の名前）も、慰安婦になっていいのね」と応じると「それは嫌だ」と返ってきた。わたしは答える。「慰安婦は、誰かの母で娘で姉で妹よ」。

写真⑲　庭でとれた桃

同じようで違うのか、違うようで同じなのか。わたしたちは人でありながら、表し方も異なり、受け止め方も違う。どこから来て、どこへ行こうとしているのか。その過程でそこにいる言葉は誰かに届けられる言葉になるのか。

そして、ここで、おおむね、日々はつづく

釜ヶ崎で暮らし、この街でゲストハウスとカフェを開き、アートNPOの仕事をしていると、おおむね、ここで日々がつづく。不特定の人を受け入れるという施設の性格上、ここに集う人たち、働く人たち、自らの安全も尊厳も守らなくてはならない。偏見や差別、揶揄されても。ジェンダーのことが気になっても。

　この街の、現場の、言葉にならなさを前に、詩人と名乗ることのおこがましさを感じているけれど、つっかえながらも、自らの言葉を持つことをあきらめないでいようと決めた。誰も聞いてくれない、関心も持たれないとしても、葉っぱに書くような言葉であっても。

　安全と尊厳を守ることと、自らの言葉を持とうとすることは時に混乱を生む。けれど、流れてゆく川の水を堰き止めてもなお流れていき、それが多様な生き物のざわめきを生むだろう。そうした態度がこの街に生きる人たちのくぐもった声や言葉にうすくうすく重なって、川の音がずっとずうっとつづいていく。

　ここで日々はつづく。おおむね。

そう思うと、呼吸も楽になる。

注

（1）大阪市の現代芸術拠点形成事業「新世界アーツパーク事業」は二〇〇二年開始。現代音楽のビヨンドイノセンス、メディアアートのremo、コンテンポラリーダンスのダンスボックスなどが誘致され、二〇〇三年にココルームも参画する。家賃と水光熱費を行政が負担する公設民営方式で行われ、一〇年と聞いていたが、二〇〇七年に事業が終了する。このことをきっかけに「大阪でアーツカウンシルをつくる会」を発足する。

（2）食べるは生きる。働きは関わりとつながりのなかで。https://note.com/cocoroom/n/nc1e24c470250

〔寄稿〕

釜ケ崎における「住まわれた記憶」の文化装置とジェントリフィケーション

中　俣　保　志

一．はじめに

本稿は、社会文化学会第二五回全国大会全体シンポジウム「釜ヶ崎の歴史的変貌とジェントリフィケーションのかかわりから捉える」における指定コメンテーター報告を下地に、加筆修正したものである。本シンポジウムでは、水内俊雄氏（大阪公立大学）による第一報告「釜ヶ崎／新今宮／あいりんの今——働く、すむ、支援する、開発する、の観点から」で俯瞰的に釜ケ崎地域とその周辺の集落形成や都市計画の歴史が示された。第二報告では、詩人でNPO法人こえとことばとこころの部屋ｃｏｃｏｒｏｏｍの上田假奈代氏より「井の中の蛙、現場の言葉は届けられるのか」との報告がなされ、ｃｏｃｏｒｏｏｍの実践的取り組みや、その歩みが示された。また、指定コメンテーターとして国立民族学博物館外来研究員の中西美穂氏により、釜ヶ崎の街中における男性の割合の高さと、福祉という性別偏りの多い業種におけるジェンダーの課題という重要なコメントがなされた。

本稿では、まず本シンポジウムタイトルにおけるジェントリフィケーションに関し、今回の報告内容に含まれる実践が、どのようなジェントリフィケーションとして位置づけられるのか、ジェントリフィケーションの概念を事例に即し二節で検討した。また、三節、四節では、本シンポジウム水内報告を踏まえ、釜ヶ崎の街の地理的基層と都市社会学的な課題認識を確認し、また五節、六節では、上田報告「井の中の蛙、現場の言葉は届けられるのか」からは、ｃｏｃｏｒｏｏｍの実践の取組が持つ外観として、その街に住み続ける人々との交流や関係性という「住まわれ・住まう記憶」との回路を持ち続ける活動としての意義を確認し、〈ジェントリフィケーション〉としての社会力の条件を示した。最後に七節として、今回言及に至らなかった課題を示している。

二．ジェントリフィケーションか〈ジェントリフィケーション〉か

まず筆者は、本シンポジウムのテーマに使用されているジェントリフィケーションの検討から始めたい。なぜならば、今回シンポジウムの報告にかかわる実践や地域的な文脈を評価する際にも同概念の意味の確定は、本稿及び本シンポジウムの構成において重要と思われるからである。筆者は、ジェントリフィケーションと、〈ジェントリフィケーション〉を区別したい。ジェントリフィケーションとは―（筆者注：「富裕化」とも訳されるが）―、田中によれば、本来は、大都市部中心部で「おもに労働者階級の居住地区が、中流階級の借主、大家、宅地開発業者によって修復・修繕・再生されるプロセス」を意味するとされる[1]。

ジェントリフィケーション（Ｇｅｎｔｒｉｆｉｃａｔｉｏｎ）の背景として、サスキア・サッセンの指摘を参照する。サッセンによれば、かつて一九五〇年代から六〇年代にかけて、資本制生産の展開と都市化・近代化・工業化による人口移動を助長し、大都市圏内に、インナー・シティと呼ばれる（貧困化と階級格差を前提とする都心近接低開発・低所得地域）の生活空間が形成された[2]。様々な形で「近代化の矛盾の集積地」となったインナー・シティ内には、インフラや住環境アメニティーについての対応の遅れもあり、比較的肉体労働を中心とする低所得層が定住することが多かったが、経済成長と物価上昇に伴う地価上昇や不動産管理者の撤退などから、その定住者たちも快適に過ごすことが難しくなり、都市中心部に廃墟化ないしは空白化した居住区が残されることになる。ジェントリフィケーションとは、このような形で取り残された都市部において、「壊れた家屋や低所得者層の住宅が、もともとの住人ではない中産階級の手によって再建されること[3]」だとされる[4]。

いわば、大都市中心地における「都市計画的な側面での民間による居住域の富裕化」をさす側面がジェントリフィケーションそもその一番簡潔な定義となろう。一方、ジェントリフィケーションのもう一面の理解として、移り住む中産階級層の中の若手芸術家など、都市の活性化を引き起こすキーパーソンにより、自然発生的に地域環境が変容する取り組みに対しても同様に、ジェントリフィケーションとして位置付けられる(5)。

酒井は、このようなジェントリフィケーションという用語が含意してきたの二つの側面を、一九五〇年代から七〇年代までの自然発生的なものと、一九八〇年代以降の先進国で見られるグローバル化に伴う発展の中で都市政策化してきたものとを区分している(6)。

いずれにせよ、ジェントリフィケーションは、大都市圏に見られる資本集約とそれに伴う社会政策的な課題の表出（この場合は空洞化するインナー・シティ）によって、都市政策的実践としてであったり、対抗文化的な取り組みであったりしてきたことが確認された。もちろんその担い手も、対抗文化的な場合ではグラスルーツかつ人脈的同志的なインフォーマルな関係に由来するものであろうし、八〇年代以降の都市政策的な場合は、資本や行政の様々な積極的な「制度化」に由来した土地空間の産業による「創造」となろう。その場合は、資本におけるジェントリフィケーションと位置付けることもできよう。いずれにせよジェントリフィケーションは、それぞれの実践の歴史の中である種の「社会的力」を実践者・担い手が実現し、八〇年代以降の都市部における資本を中心とする場合と、対抗的な理由から「地域を維持したい」という当事者的動機によって実践が遂行されている場合、両面を広義には含む。以上の論点から、対抗的なジェントリフィケーション事例に対して、筆者は、〈ジェントリフィケーション〉と表記したい(7)。

三．釜ヶ崎周辺の都市の基層と都市社会学における都市社会学における社会構造的把握

以上、本稿における政策的意図の高い広義のジェントリフィケーションの背景を確認し、そのとりくみのなかでも特に対抗性・自生性の高い取組を〈ジェントリフィケーション〉と定義し、広義のジェントリフィケーショ

ンとの区別を試みてきた。ジェントリフィケーションにおいては資本の編成や政策的都市計画的な要因が、〈ジェントリフィケーション〉においてはそうしたジェントリフィケーションに対しての対抗的要因が、それぞれを駆動する「社会的力」の背景となる点が確認された。

ここでは、学会シンポジウムにおける水内報告と、上田報告の内容を踏まえ、「ＮＰＯ法人こえとことばとこころの部屋ｃｏｃｏｒｏｏｍ」（以下、ｃｏｃｏｒｏｏｍと略記）及び同実践がフィールドとしている、釜ケ崎地域の歴史的経緯としての都市の基層と、同地域における都市社会学における社会構造上の存立課題を、ｃｏｃｏｒｏｏｍの実践の意義を考察するための補助線として、確認していく。

四．釜ヶ崎周辺の都市の基層

本シンポジウム水内報告「釜ケ崎／新今宮／あいりんの今――働く、すむ、支援する、開発する、の観点から」で示されたように、西成区釜ケ崎地域は、明治後半から大正期にかけて整備された、浪速区新世界、天王寺公園、および現在のＪＲ大阪環状線の一部を形成する難波駅から玉造駅を結ぶ鉄道エリアが北側隣接地域として展開し、南側には明治晩年の難波大火により移設された飛田遊郭（通称飛田新地）が隣接地域として立地している。大阪市内の都市交通が整備され建築資材等の大量輸送がトラックなどに転換される中で、一九七〇年に開催された大阪万博の用地建設にかかわる中で、交通の要衝に隣接することなどから、建築労働に従事する労働集約のための拠点として一九六〇年から人口集中し展開した都市といえよう。いわば、大阪における「戦後の経済成長」の都市内の横展開を支える労働供給拠点であったといえよう。

また釜ヶ崎地域内の各種産業の編成も、基本的には、労働供給拠点を支える消費生活・厚生に特化したある種の戦後経済発展を起因として構成された機能的編成地域の一種であって、そのため地縁血縁の集落構成した地域とは街の編成が異なる。これらの街の社会構造的な課題点は、主に都市社会学ではどのように把握されてきたであろうか。ｃｏｃｏｒｏｏｍの実践の意義を考察するためにも、以下その点に関して次節で確認する。

五．釜ヶ崎周辺の都市の基層と都市社会学における都市社会学における社会構造的把握

労働拠点として都市展開した釜ヶ崎周辺地域における生活者の課題認識はどのように把握されたであろうか。見田は「まなざしの地獄[8]」の中で、一九六〇年代の東京と上京する青年の抱える孤独と都市の求心力とを、貧困化から家郷にも居場所はなく労働力として追い立てられた「社会的実存の疎外」として構造的に把握した。見田によれば、この時代すでに資本制の浸透と一方で貧困と地方社会の農村における紐帯の崩壊により「破壊された共同体としての家郷[9]」となって若者の居場所は限定され、中学卒業とともに「金の卵」という「新鮮な労働力」つまり予備的な「東京の労働力」として国策誘導されるという、東京への求心力が説明される。そして、上京した若者は過酷な労働環境から転職や行き場を失う者も多く、そもそも構造的に潜在的な失業者になるものもあり社会的存在感や手ごたえを得る環境からも遠ざけられる。そうした若者の取りうる反射的な対応として見田が指摘するのが「蒸発と変身への衝動[10]」であり、特に変身という点を掘り下げて学歴や高級品志向という「おしゃれと肩書」にこだわる「表相性」に対しての執着、もしくはそれがかなわねばいっそのこと失出（蒸発）してしまおうとする衝動が若者に喚起される。地方出身で困難な状況を生きる青年こそが、高学歴やおしゃれに見せることで孤独や「田舎者」という心無いレッテルから逃れることで適応しようとする。本質的な格差や断絶を、「表相性（もしくは社会からの蒸発）への衝動」で乗り越えようとすることがかえって東京の労働システムに自ら組み込まれざるを得ない一九六〇年代の都会の若者の疎外構造が把握されている。地域的には大阪と東京という差異はあるものの、見田の把握は、貧困を理由に都市流入した「新鮮な労働力」商品の担い手としか評価されない都市生活者の実存的「矛盾」という点で、釜ヶ崎の労働者の抱える社会的実存的課題においても有効であろう。

以上確認したように、三田は、「新鮮な労働力」商品として都市に流入した六〇年代の若者の心象を、「社会的実存の疎外」構造として把握した。またそうした疎外構造における環境適応として、「表相性への衝動」という動機が生成し、そうした動機と実生活における階級的

貧困に対する不安や失望との間で、衝動が喚起される見田の指摘も確認された。

見田のアプローチは、おもに労働力提供を行うために都市流入した都市生活者の社会的実存の疎外を、都市の社会構造から表出させる点に特徴があったが、都市社会学における都市空間におけるコミュニケーション分析の点から、都市生活における疎外と「表出性への衝動」の社会構造上の基層となる､都市における「匿名性」コミュニケーションの成立を確認してみる。

一九七〇年代以降都市社会学では、都市化の進展やマスメディアの発達により、都市生活者のコミュニケーション形態が大きく変容した点に注目した。藤竹によれば、都市化や近代化以前の古典的なコミュニケーション手段は、最小で二人以上の人間が空間を共有しつつ対面することによってプライベートな場で行われる「パーソナル・コミュニケーション」であり、結果として、相互に同一の象徴空間を共有することに力点が置かれた(11)。それに対して、マス・メディアの発達は、コミュニケーション空間を拡張し情報受信者相互が視聴者として共有する象徴空間を創出することとなった。一方、不特定多数の人々が流入する都市部では、「匿名」の他者との物理空間における接触可能性が飛躍的に増大した。マス・メディアにおける象徴空間と都市部の物理空間、両面において「匿名」の公衆による、都市空間の不特定多数の人々によるコミュニケーションが可能となった。実際に都市空間では、相手の「社会的属性」が一切わからない者同士が物理的にパーソナル・コミュニケーションが行われ得る距離でコミュニケートする場合が日常的に存在する（例えば目的地を訪ねる場合など）。都市は、コミュニケーションの形態に注目した場合、「匿名性」が日常化した空間として理解することができよう。

都市とは、先ほど見田の議論で確認したように、地縁・血縁的な社会的存在意義から離れ共同体的な社会的属性が乏しい「新鮮な労働力」の担い手としての流入者を受け入れ、そうした人々の「労働力」商品以外の他のアイデンティティの側面が捨象された存在であることから「表相性への衝動」が惹起される空間であった。一方でその空間は、都市社会学のコミュニケーション形態においては、「社会的属性」の情報が乏しく「匿名性」を保持した者同士が、物理空間・象徴空間に参集し交流することが「自然に」遂行することが可能な空間であった。都市とは、部分的アイデンティティ捨象により、「表相性への衝動」惹起と「匿名性」とが同時に起こりうる空間である。(12)

以上のような都市空間の特性が、釜ヶ崎地域エリアが、主には日雇労働供給拠に特化した機能的編成地域であった時代においての、都市社会学的な社会構造的把握から確認された。以上の把握は、「過去」の釜ヶ崎地域における歴史的把握として、位置づけることも可能であろう。

一方で、その地域において、夜回りなど人々の支援活動を行い、かつアーティストとの学習事業（釜ヶ崎まちあるきなどの活動も含む）や作品制作活動を行い、また人々が集う場として、宿泊施設（庭、井戸含む）とブックカフェ及び雑貨販売を行う拠点も持つｃｏｃｏｒｏｏｍの取組に関して、以上の地域の歴史的把握を踏まえ、現在展開しているｃｏｃｏｒｏｏｍの、実践の外観に関して、〈ジェントリフィケーション〉の視点から、その実践の社会的意義に言及してみたい。

六.「想起の空間」としてのｃｏｃｏｒｏｏｍ

二〇一九年、ｃｏｃｏｒｏｏｍ発行の『真剣なことばＥａｒｎｅｓｔ Ｗｏｒｄｓ釜ヶ崎芸術大学 Ｋａｍａｇａｓａｋｉ Ｕｎｉｖｅｒｓｉｔｙ ｏｆ Ａｒｔｓ』によれば、ｃｏｃｏｒｏｏｍは、二〇〇三年に旧「新世界フェスティバルゲート」（ＪＲ新今宮駅北側・現在は「ＭＥＧＡドン・キホーテ 新世界店」）で活動をスタートする。アート事業を行う釜ヶ崎芸術大学(13)、更に庭とゲストハウス、ブックカフェ、雑貨店、夜回りなどの支援事業を運営するアートＮＰＯ法人である。大阪市の現代芸術拠点形成事業に参画し、公式サイトによれば「ほぼ毎日」運営されている。「表現と社会と仕事と自律」をテーマとし、二〇〇七年に市の事業が終了した後も、翌年の動物園前商店街に拠点を移し、さらに二〇一六年現在地に移転し「ゲストハウスとカフェと庭　ココルーム」を開業する。さらに二〇一八年からは、釜ヶ崎芸術大学が大阪大学豊岡キャンパスに訪問したのを発端として、大阪大学との協働事業「釜芸in阪大」（略称「カマハン」）を行っている。

ｃｏｃｏｒｏｏｍの公式サイト(14)によれば、現在、釜ヶ崎芸術大学（二〇一二年開始）、まちかど保健室（月一回開催、二〇一〇年開始）、釜芸の俳句部（釜ヶ崎俳句会）（二〇〇九年開始）山王ミニ夜回り（月一回開催、二〇〇八年開始）、詩の学校（月一回開催）、釜ヶ崎まちあるき（二〇〇九年から開催）以上の活動が実施されているほか、このほか、会場事業として「読書会、朗読会、大音量でないライブやフォーマンス」などのイベントが行われている。

また、宿泊施設であるゲストハウスでは、館内や各宿泊室に釜ヶ崎芸術大学などｃｏｃｏｒｏｏｍの支援を受けたりつながりのある日雇い経験者が行ったアート事業で制作した作品群が展示されており、釜ヶ崎とｃｏｃｏｒｏｏｍの歴史の展示、そしてその地で暮らした人々のが「それとはなしに」生み出した街の記憶の断片を彷彿とさせる作品群を通した、街の記憶の展示によって、私設フィールドミュージアムとしての役割も機能している。

ｃｏｃｏｒｏｏｍの持つ多様な実践とポテンシャルを短い字数で評することは乱暴に過ぎるが、あえて評するとすれば、アライダ・アスマンが現在の文書館等の既存の「アーカイヴのかなた」として言及する「文化的記憶」の「蓄積装置」の役割を果たしているといえよう[(15)]。既に、五節で触れたが、釜ヶ崎が労働拠点として機能した時点では、労働と社会的実存の疎外、さらには「匿名性」という、古典的な近代都市の問題が生じていた。そしてそれから半世紀以上たち、当時の三〇歳代の住民は現在八〇歳代を超え、労働にかかわる問題も抱えながらも、街自体は別の問題圏、つまり独居高齢者（永続的住居が望めない場合含む）、医療・介護問題という課題が増大しつつある。むしろ現代において、かつての五〇年前の釜ヶ崎の歴史的な意義と課題を振り返るとしても、「蓄積的記憶」と呼ばれる個々の人々の生から切り離されて史料化し「俯瞰した歴史像」の素材を蒐集・統合させた「蓄積装置」（具体的には公文書館や博物館等が含まれる）からだけで過去を再構成することには限界がある。むしろ、生きた人々の生に固着した記憶の集合体（ここでの記憶は「集合的記憶」である）、特に「機能的記憶」とアライダ・アスマンが呼ぶ、「住まわれた記憶」は、人々が体験した生活史的な記憶の集積と、事実資料により再構成された歴史との関係性を重視し、俯瞰的超個人的な歴史の客体化には距離を取る。なぜなら、歴史観自身が、現代による解釈のフィルターを通したものとして機能する側面にアライダが注意を払うからであり、また客体化した形での「俯瞰した歴史像」として扱うことは、歴史観が常に編集に晒され得る点を、誘発するからである。

また、「住まわれた記憶」として、人々が保持している記憶からは、当事者である人々の生を通じて過去から現代までの生の経路・経過が結び付けられており、そうした歩みから、過去への向き合い方を表彰することができるからである。具体的に釜ヶ崎の事例に触れるとするならば、かつて「匿名性」、社会実存の疎外という構造の渦中にあった労働供給拠点の街に住む人々の生の課題のオルタナティブは、帰結としての現代でそれぞれの当事者が受け止めた制の歩みの変化を、「顕名」として、社会的承認として「住まわれ・住まう記憶」として同じ場所・空間で語ることにより、記憶を共有した者も有機的に記憶にアクセスしうる。

そうした点から、改めて、ｃｏｃｏｒｏｏｍの取組の可能性を検討すれば、釜ヶ崎に住み続けてきた人々の群像と関係性を背景に、「住まわれた記憶」を意識しつつ、「アーカイヴのかなた」としての「文化的記憶」の社会的装置としての役割を担いうる活動といえよう。

七．おわりにかえて

以上、本シンポジウム水内報告を踏まえ、釜ヶ崎の街の地理的基層と都市社会学的な課題認識を確認し、上田報告「井の中の蛙、現場の言葉は届けられるのか」からは、ｃｏｃｏｒｏｏｍの実践の取組が持つ外観として、その街に住み続ける人々との交流や関係性という「住まわれ・住まう記憶」との回路を持ち続ける活動としての意義を確認し、〈ジェントリフィケーション〉としての社会力の条件を示した。

本シンポジウムで上田氏が、「マズローの欲求5段階説」について言及し、むしろｃｏｃｏｒｏｏｍが実践の中から得られた知見として、五つの欲求を序列化したものではなく、並列したものとして対応することが求められてきた経験から、支援をする際の被支援者の「欲求」観について柔軟に対応する必要のある点を指摘されていた。「欲求」に関しての段階説こそ、特定の産業化途上の近代化に対応した文脈的シェーマであった可能性を示唆いただいた。このような指摘も、生きた歴史としての「住まわれた・住まう記憶」の観点から、マズローの欲求段階説のアップデートを意図したものとしても理解できる。

ｃｏｃｏｒｏｏｍの取組は、歴史と記憶の継承の点から評価をしたが、ミッシェル・ド・セルトーが指摘した、社会的空間の位置づけとして同実践を位置づけるならば、「（人の往来による）空間」「（物理的地理的位置空間）場所」と、いう点からも興味深い対象地でもある。釜ケ崎エリアの近隣都市の計画の近代化を振り返ると、時代の経過で「欲望の場所」が計画されたことで、都市「空間」の出現を誘発した。そうした場所において、現在では、先ほど上田氏が指摘した、支援における「欲求」の再定義と重ねて検討することが課題として挙げられよう。

また、本稿では、ｃｏｃｏｒｏｏｍの取組における、リベラル的／コミュニタリアン的という二項対立的な包摂ではない社会的包摂の可能性の分析や、ダーク・ツーリズムや街のアーカイブとしての機能に関しての分析は、今後の検討材料にしたい。

注

（1）田中研之輔「ジェントリフィケーションに関する認識論的枠組み：序説」『地域イノベーション』四号、法政大学地域研究センター、二〇一一年、七五頁参照。

（2）Sassen, S.（2001）*The Global City: New York, London, Tokyo*, Princeton University Press, 2nd ed.（＝伊豫谷登士翁監訳『グローバル・シティ――ニューヨーク・ロンドン・東京から世界を読む』二〇〇八年、筑摩書房。）

（3）Sassen. 上掲同書邦訳、一八九頁参照。

（4）田中によれば、「ジェントリフィケーションと再開発（redevelopment）は、理論的に区別」して理解されるのが一般的であった。というのも、「再開発は古くなった建物からなる諸構造の再生だけでなく、それ以前に埋めたてられた土地に新たにビルを建築することも包含する」概念だからである。田中前掲書、七五頁参照。

（5）ニール・スミス（若松司訳）「ジェントリフィケーションは卑劣な言葉なのか」、『現代思想』三三-五号（一二二-一四一頁）、二〇〇五年、一二八頁参照。実際に一九五〇年代初頭のロンドンのソーホー街では、自然派性的に空洞化した中心地にアーティストが定住し、文化的、社会的なカウンターカルチャー（対抗文化）の拠点として後の中産階級を呼び込む役割を結果として果たした（２０世紀建築研究編集委員会編『２０世紀建築研究』ＩＮＡＸ出版、一九九八年参照)。

(6)酒井隆史・高祖岩三郎「公共圏の解体と創出」『現代思想』33-5号(五六-八七頁)、二〇〇五年。

(7)本論考で触れる、「ジェントリフィケーション」の事例としては、フルクサスや、時代は下ってある種文化政策的な都市計画としての側面も持つ国内実践、横浜市における横浜トリエンナーレ(水族館劇場の開催など取り壊し公的施設による各種芸術展示)や、一九八〇年代における谷根千(東京都文京区から台東区にかけて一帯の谷中・根津・千駄木周辺地区)の空洞化と地域雑誌『谷中・根津・千駄木』刊行とその後の同地域の観光化誘導などがあげられよう。また、釜ヶ崎地域エリアに隣接するJR新今宮駅周辺に設置されている、株式会社星野リゾートが経営するホテル「OMO7大阪」は、資本誘導型のジェントリフィケーションとして位置づけ理解することもできよう。同ホテルはプロジェクションマッピング、周辺まち歩きや地域の工芸ワークショップなどのアクティビティを宿泊プログラムのオプションに加えている。

(8)見田宗介「まなざしの地獄」『まなざしの地獄』河出書房新社、二〇〇八年、五-七六頁参照。なお、見田によるこの論考の初出は、一九七三年、雑誌『展望』に発表した「まなざしの地獄」である。

(9)見田前掲書一一頁参照。

(10)見田前掲書四三ページ参照。

(11)藤竹暁「都心空間とコミュニケーション」福武直監修・倉沢進編『社会学講座5都市社会学』東京大学出版会、一九七三年、一〇五-一二六頁参照。

(12)都市の「匿名性」をE・ゴッフマン(Goffman)に基づき「逸脱行動」に結び付けて評価する研究も存在する。

(13)釜ヶ崎芸術大学は二〇一二年から多彩なアート事業活動を行っている。「釜ヶ崎芸術大学のデータ一覧」『真剣なことばEarnest Words 釜ヶ崎芸術大学 Kamagasaki University of Arts』二〇一九年、特定非営利活動法人こえとことばとこころの部屋(ココルーム)発行、六八頁参照。)によれば、二〇一二年の事業は、「表現、宗教学、哲学、お笑い、天文学、感情、ファッション、詩、書道、音楽、絵画、狂言、ダンス、合唱、地図、芸術」となっており、さらに同資料の最新データである二〇一七年ではほぼ倍の種類の事業が行われている。

(14)「NPO法人　こえとことばとこころの部屋cocoroom さまざまな人たちがであい、であいなおし、表現できる場をつくる「日々人生劇場」。」(http://cocoroom.org/)二〇二三年九月一日確認。

(15)アライダ・アスマン著、安川晴基訳『想起の空間―文化的記憶の形態と変遷』水声社、二〇〇七年(Erinnerungsräume. *Formen und Wandlungen des kulturellen Gedächtnisses*, 1999)、第五章参照。

〔寄稿〕

ジェントリフィケーションと徒歩圏内の実践
――大阪の〈地域アート〉を手がかりに

中西美穂

一．はじめに

美術にとって地域は、表現・鑑賞活動の一つの舞台である。その美術は美術史として人々の知の一端となっている。同時に美術は、人々が心を動かされ、時にその行動に変化を与えることも知られている。この後者の美術の在り方に焦点をあてる場合、ここではそれをアートと呼ぶ。この美術とアートは時に同一のようであり、時に別物であるように見える。各地にある美術館で開催される展覧会では、現代美術でも、中世や近世の美術でも、その価値は美術史によって裏付けられる。例えば先端的な表現に対して「新たな時代を切り開く」とした場合、それは時代、つまり歴史に位置づけられている。一方で、まちなかで出会うアートには、美術館で展示経験のあるアーティストによるものもあれば、知られていない、あるいはアマチュア、時に障害者や子どもなどが創作者となるものもある。また人々自身が創作に参加できる場合もある。それらのアートは、美術館で展示経験があるアーティストの作品よりも、深く心に響く場合もある。

本稿では地域のなかでも「まちなか」と呼ばれる都市空間を舞台とするアート活動に焦点をあてる。日本において「地域アート」という言葉が二〇一〇年代より用いられてきた。その発端は文芸評論家の藤田直哉が、地方を舞台としたアートフェスティバルやアートプロジェクトを「地域アート」と名づけたことである。この地域アートが現代アートの中心的な活動の地となり「美」のありようが変化したことで、前衛の時代と言われた一九六〇年代に表現を通して社会批判をすることも辞さなかっただろう芸術にしかできない叛逆が頽落したとする。（藤田直哉二〇一四、二〇一六）この藤田の指摘は、日本においてアートプロジェクト(1)研究の中心となってきた東京藝術大学の熊倉純子らの「アートプロジェクト」は「欧米のプロジェクト型の活動と比べ、政治性や鋭い社会批評をあらわにしない」（熊倉純子、他二〇一四）との指摘、つまり政治性が前景化しないという点で一致する。藤田は、このような地域アートが無数に全国各地で開催されているとする。（藤田二〇一四、二〇一六）筆者の暮らす大阪にも地域アートはあるのだろう。

大阪市は東京都、横浜市に次いで日本で三番目に人口が多い。その大阪では自治体が主催となる美術に特化した芸術祭は継続的に行われていない(2)。一方で市内には複数の公・私立の美術館があり古今東西の作品を見ることができる。西天満などの画廊街では週替わりの展覧会を無料で鑑賞できる。オルタナティブスペースでは国内外の先端的な表現が見られる。また複数の国際的なアートフェアが開催されている。さらには住民らが運営主体となる、地域を舞台にしたアートの実践を複数見ることができる。

本稿では大阪の地域を舞台としたアートの実践を明らかにしたい。それをここでは〈地域アート〉と記す。藤田の定義する地域アートと同義かどうか不明の為、〈〉でくくり区別する。また多数ある大阪の事例の中から、「地域」に強いこだわりをもつだろう、特定の地名を名称に用いる活動に焦点をあてる(3)。

具体的には大阪市内で二〇二三年現在、活動している「釜ヶ崎芸術大学」、「北加賀屋クリエイティブビレッジ構想」、「十三アートフェス」、「平野・町ぐるみ博物館」、「みてアート(4)」「見っけ！このはな(5)」である。

本稿においては、この大阪の〈地域アート〉について、活動の中心にいる人々のインタビューをもとに明らかにする。これにつづく（一）では先行研究として「ジェントリフィケーションとアート」「地域の美術とコミュニティ・アート」についての言説を整理する。つづく（二）では研究方法をのべる。二においては、インタビュー調査をもとに各事例の概要をまとめる。最後の三で考察を述べる。

（一）先行研究

本節では「ジェントリフィケーションとアート」「地域の美術とコミュニティ・アート」についての言説を整理し、〈地域アート〉考察のあしがかりをつくる。

① ジェントリフィケーションとアート

社会学者の笹島秀晃は、都市研究に倣いジェントリフィケーションとは「都心部衰退地区における経済的・社会的「再活性化」に伴う一連の空間変動を総称した概念」であり、米国ニューヨークのSoHo地区における芸術家の関りについて、脱工業化による産業再編で低家賃地区が生まれ、そこに芸術家が集住し、芸術家街が自然発生的に形成され、画廊やクリエイティブ産業が進出し、中産階級の転入が促された結果、家賃が上昇し、建物の建て替えが起こり、結果的に旧住民や所得の低い芸術家が住み辛くなり、中産階級の商業・居住地となったと紹介する。その上で笹島は画廊街の形成に着目し、SoHo地区が既存の商業画廊街と異なることを戦略的に価値づける画廊が、同地区を象徴的資源にしたとする。（笹島秀晃二〇一六）

大阪に関わる論考として、当時大学院生であった谷脇栗太による「からほりとわたくし－からほりまちアート顛末記」がある。同文では、大阪市中央区の空堀地区で二〇〇一年から一〇年間、界隈の路地や住宅を会場にしたアートイベント「からほりまちアート」の副実行委員長であった梅山晃佑にインタビューを行っている。老朽化した建物を新たに建て替えるという外圧が強いエリアで、地域保存を掲げたアート活動をしていたが「自分たちがからぼりを踏み荒らし、消費する立場になっているようなもやもやを感じ」たこともあり、若い表現者の発表の場でもあった「からほりまちアート」が終了したとしている。（谷脇栗太二〇一二）アートがジェントリフィケーションに加担してしまったのではないかという後悔を地域のアート関係者が自覚していたことを示していると言えるだろう。

一方で、アートがジェントリフィケーションに加担する側と対抗する側を表出させる構図が都市には生まれる。[6]東京に女性ホームレスとして暮らすアーティストのいちむらみさこは、路上生活者の寝床となっていた高架下に美術専門学校の学生が壁画を描いた結果、路上生活者の居場所を奪ったことを指摘した。それに対抗して、いちむららは、その場所で「216キッチン」として、アーティストらと食事会を行い、パフォーマンスを行った。また実際にそこで段ボールハウスをつくり眠った。その際に、路上生活者らが段ボールハウスを「ロケット」と呼んでいることを知り、いちむらは、星の形の銀紙を周囲にインスタレーションした。（中西美穂二〇〇九）

以上のことから、都市空間において、アートはジェントリフィケーションと関りを持つことがあり、ジェントリフィケーションを推進する側と反対する側に分断される。一方で、いちむらの「ロケット」のように、その地域で可視化されてこなかった文化との接触から新しい表現が生まれることもある。

②　地域の美術とコミュニティ・アート

戦後日本の野外彫刻設置事業を研究した景観学者の竹田直樹は、美術の公共事業性の歩みが、国家ではなく自治体単位が主流であることを日本の特徴とした。竹田は国家の枠組みで行われていた野外彫刻が、戦後には自治体の枠で行われて来たことについて、同時代の米国の屋外彫刻設置事業と対比した上で、日本の野外彫刻事業にはイデオロギーがないとする。（竹田直樹一九九七）一方で彫刻家の小田原のどかは、第二次世界大戦後の平和モニュメントなどの野外彫刻には行政的政治判断が大きく関わっているとする。（小田原のどか二〇一七）つまり、地域と関りが深い彫刻作品は、地域の文化行政の方針に沿うということだろう。

文化政策研究者の小林瑠音は「コミュニティ・アートはある特定の地理的なコミュニティに拠点をおき、これまでアートと触れる機会のなかった（むしろ芸術に興味を持ってこなかった）人々が主体となって表現を行うことをめざす芸術活動」であるとし、英国では一九六〇年代後半から盛んになったとする。米国のコミュニティ・ベースド・アートや旧西ドイツにおける社会文化センター、日本の公民館運動などに、その類似性を見ることができるとする。そして英国においてはコミュニティ・アート運動を背景に美術館や劇場といったメインストリームに「上からの「文化の民主化」ではなく、自分たちの視点に還元する「カルチュラル・デモクラシー」の精神が貫徹している」としている（小林瑠音二〇一三）。

文化社会学者の吉澤弥生は、制度とオルタナティブの交互作用のなかで新たな〈芸術運動〉が形成される過程として、二〇〇〇年代を中心とした大阪市の文化政策を取り上げている。大阪市では都市政策の中に文化政策を位置づけ、実験的芸術やまちなかアートプロジェクトなど創造の現場をつくった。その後の政策転換があったが、現場は制度から自立し、生産的な反応として〈芸術運動〉が形成されたとする（吉澤弥生二〇一一）。

以上の先行研究から、都市空間におけるジェントリフィケーションとアートの関りは分断や創造など多義的であることを前提としたい。そして地域を舞台にした大阪のアートが、〈芸術運動〉として、英国のコミュニティ・アートのようにカルチュラル・デモクラシー、つまり下からの「文化の民主化」を実践していたとすると、藤田や熊倉による地域で行われるアートは政治性を後景化しているとの捉え方と異なる可能性があることも留意したい。また小林が英国の特定の地理的コミュニティに拠点を置くアート活動を複数考察し、吉澤が二〇〇〇年代の複数の大阪のアート活動を考察しているが、二〇二〇年代の大阪の考察は行っていない。本稿は、大阪の〈地域アート〉研究を更新するものともしたい。

（二）研究方法

本稿では、大阪の〈地域アート〉の具体例を活動の中心にいる人々へのインタビューを通して考察する。対象となる地名がつくアート活動は、調査協力依頼し受け入れてもらえた活動とした。その各活動の拠点を訪問し、中心となる人物に対して約一時間の半構造化インタビューを行った。

日程は各者の都合とすり合わせた任意であり順番に意味はない。インタビューは、二〇二三年五月三日に「おも路地」（大阪市平野区）にて川口良仁（平野の町づくりを考える会事務局、全興寺住職）、同八日にシアターセブン奥のNPO事務所（大阪市淀川区）にて牟田麻希（NPO法人淀川アートネット代表理事、Café Yutte運営者）、籾田昭男（同法人副代表理事、有限会社第七藝術劇場代表取締役）、福住恵（同法人副代表理事、有限会社第七藝術劇場取締役）、同十五日におおさか創造千島財団にて木坂葵（おおさか創造千島財団事務局長）、同十六日に「ゲストハウスとカフェと庭・釜ヶ崎芸術大学」（大阪市西成区）にて上田假奈代（詩人、特定非営利法人こえとことばとこころの部屋 代表理事）、同二十三日に株式会社ＰＯＳ建築観察設計研究所にて大川輝（同代表、建築家）、西山広志（建築家、NO-ARCHITECTS 代表）、山中俊広（フリーランスキュレーター、the three konohana 代表）、同二十九日にあおぞらビル（大阪市西淀川区）にて藤江徹（公益財団法人公害地域再生センター（愛称あおぞら財団）事務局長）、鎗山善理子（同研究員）、廣畑潤也（グラフィックデザイナー、西淀川アートターミナル運営委員）の十二名に行った(7)。

また各活動のウェブサイト、チラシなどの紙資料を閲覧した。なお筆者は大阪在住のためインタビュー前に複数回各活動を訪れたことがある。

二．大阪の〈地域アート〉事例

ここでは、大阪の〈地域アート〉の各活動の概要をまとめた。順番は活動名により五十音順に並べた。

（一）釜ヶ崎芸術大学

大阪市西成区の動物園前商店街にある「ゲストハウスとカフェと庭　釜ヶ崎芸術大学」の庭や、併設されているカフェ、近隣の太子老人憩いの家、単身高齢の生活保護受給者の居場所であるひと花センター、公園などを会場として、誰でも参加できる講座を行う市民大学が釜ヶ崎芸術大学である。釜ヶ崎とは活動している地区の通称である。

講座は合唱、狂言、詩、俳句、書、サウンドスケープ、アートなどの芸術科目に交じり、「カマン！夜回り」「手紙を書く会」など、地区の単身高齢者と関係を深める科目もある。大学教員やプロの芸術家などを講師に迎える趣向を凝らした講義には、地区の住民や学生、会社員、フリーランスなど数名から数十名が受講する。同大学は二〇一四年に国際的評価が高い芸術祭・ヨコハマトリエンナーレに出展者として招待された。以降、国内の美術館や国際芸術祭に招待されており社会関与型芸術として全国的に知られた活動である。

釜ヶ崎芸術大学の運営母体である特定非営利活動法人こえとことばとこころの部屋、通称ココルームの代表理事である詩人の上田假奈代さんは、二〇〇三年に大阪市現代芸術拠点形成事業の受託事業者の一員として公設置民営の新世界アーツパーク事業に携わり、喫茶店を兼ねたアート系フリースペース「ココルーム」を切り盛りし、二〇〇四年にNPO法人格を取得した。大阪市の施策転換により同事業は二〇〇七年に廃止となったが組織としてのココルームは継続した。二〇〇八年より現在の活動地域である商店街に「ココルーム」は移転した。同地区では同年六月に地域住民の一部が暴徒化して警察署に投石する第二十四次暴動がおこり、同十月にリーマンショックがあった。二〇〇九年にココルームに隣接するメディアセンターに「釜ヶ崎」の地名をつけようとしたところ、商店街で「釜ヶ崎」の地名を名乗ることは受け入れがたいと申し入れられ、地名に住民らのスティグマがあると感じたという。二〇一一年に地区を意識した文化事業「まちでつながる」を行い、その延長線上の二〇一二年より「釜ヶ崎芸術大学」がスタートした。スタッフの植田裕子さんの名づけであった。

同地区は、一九七〇年頃より都市政策として約八百メートル四方の簡易宿泊所街を愛隣（あいりん）と名付け単身男性労働者を多く受け入れてきた。二〇〇〇年代以降、労働者らの高齢化が進む。その愛隣と釜ヶ崎を重なる地区と考える人もいれば、萩之茶屋エリアだけを釜ヶ崎と考える人もいるし、商店街の両側も含めて広くとらえる人もいる。現在はインバウンドの観光客が訪れる街になりつつあり、最寄り駅名の新今宮を使う地域ブランディングもある。上田さんは「釜ヶ崎と言う名前の持つ、政治性や文化みたいなものが、蓋されるのは、やっぱりちゃうんちゃうかなと思って、それを、ある種逆に言うと、そうした運動の経験を持ってない、まあ、表現とかアートとかいっている私たちが、釜ヶ崎って名乗ることによって、この町の持ってきたものを、次に渡すことができるんではないかと思って、ここは胸張って〝釜ヶ崎芸術大学〟と言おう」と考え現在の活動名称があるという。

（二）北加賀屋クリエイティブビレッジ構想

かつて造船業で栄えた北加賀屋地区には二〇〇四年より「芸術や文化が集積するまち」として再生を目指す取り組みがある。二〇〇九年にはそれらを「北加賀屋クリエイティブビレッジ構想（以下ＫＶＣ構想）」と総称するようになった。主に空き家や使っていない倉庫や工場などの不動産を「クリエイティブな活動をする人たちに安く貸す」取り組みで、二〇二三年現在までに、アトリエ、デザイン事務所、ギャラリー、カフェ、雑貨店、ホステルなど四十軒が生まれた。地区内に大小あわせて約三十か所に壁画も生まれ instagram アプリの流行もあり幅広いアートファンが訪れるようになった。

ＫＶＣ構想の運営は、同地区の約三分の二の土地を所有する千島土地株式会社の地域創生・社会貢献事業部と、同社が出資する一般財団法人おおさか創造千島財団が担う。同財団の事務局長である木坂葵さんによると「物件を貸し出すこちらと、借りるクリエイターやアーティストの方たちと、互いの価値観や活動を尊重し、必要があれば協働し、ともに〝まち〟をつくっていきたい」との思いが重要だという。

そもそもの原点は一九七八年に同社が土地建物を所有していた名村造船所が佐世保に移転、一九八八年に四ヘクタールの土地建物が同社に返還されたことである。同地は工業専用地域であったため住居や商業施設への転用はできなかった。その造船所跡の魅力を活かそうと、二〇〇四年より、京都在住の舞台芸術プロデューサー・小原啓渡の提案により、現代芸術に関するフォーラムＮＡＭＵＲＡ ＡＲＴ ＭＥＥＴＩＮＧを三十年継続することを前提に同社が中心となり大学教員やアートディレクターを実行委員とした運営体制でスタートさせた。「土地をどう使っていくのか、同時に大阪の芸術環境をどうしていくのか」が毎年のテーマとなるという。スタートした二〇〇四年は大阪の民間企業がサポートしていた扇町ミュージアムスクエアや近鉄アート館などの文化施設が閉館した年でもあった。その状況の中、「北加賀屋地区で、民間企業が土地建物を貸して、場所をどうつかっていくのかという未来を描きつつ」開催されていただろうという。翌二〇〇五年に劇場併設の大型フリースペース「クリエイティブセンター大阪」もオープンした。

同地区には二〇〇九年に国際的に知名度の高いアーティストのヤノベケンジ、やなぎみわらの大型作品を収納するＭＡＳＫ（メガアートストレージ北加賀屋）、二〇一九年には紫綬褒章受賞の美術家・森村泰昌の私設美術館モリムラ＠ミュージアム、二〇二〇年には若手アーティストのための共同スタジオSSK（スーパースタジオ北加賀屋）が開設した。同財団では芸術活動を対象にした助成プログラムや、ウェブマガジンペーパーCも運営しているが、その対象は北加賀屋地区に限っていない。

（三）十三アートフェス

十三アートフェスは、十一月の一週間、阪急十三駅の西側と東側の半径約八百メートルの範囲にある飲み屋やレストラン、カフェ、会社、地域施設、福祉施設、ギャラリー、映画館などを会場に、イラストやオブジェ、写真などを展示する二〇一一年にスタートした回遊型アートイベントである。プロのイラストレーターやデザイナー、写真家、漫画家、壁画家や、アマチュアアーティストが参加する。期間中には老舗キャバレー「グランサロン十三」の無料見学や、会場となるカフェやバーなどの限定メニュー提供もある。飲食代が必要な場合もあるが基本的に観覧料、出品料、いずれも無料である。運営は会場、出品者、スタッフの協力により成り立っている。二回目の二〇一二年には六十一会場の参加があった。運営母体であるNPO淀川アートネット代表理事でカフェ運営者の牟田麻希さんは、「作品の質は、今のところ問わない」「私は、みんなの権利を認めたい。自由度を重視してやっている」とする。

NPO法人淀川アートネットは二〇〇四年、淀川区全域に無料配布されているミニコミ誌『ザ・淀川』の編集長で故人の南野佳代子さん、現在の理事の一人で有限会社第七藝術劇場の代表取締役である松田昭雄さんらが「十三の町が風俗化する中で、文化もあって、いいんじゃないか」との思いから始めたという。二〇〇八年に文芸評論家の木津川計を招いたセミナーを主催し二〇一〇年までにイベントを重ねたが、関係者の多忙によりNPOが休眠状態となった。二〇一六年頃より松田さんが三十代の会員を勧誘し徐々に世代交代し活動再開した。現在二十代から八十代までの幅広い年代の正会員十六名、賛助会員七十五名がおり、十三藝術市民大学、アート活動応援なども行っている。

NPO名称に淀川としているが淀川区全域ではなくメンバーの地元である「十三」に焦点をあてている。十三は有名飲食チェーン店も参入し一区画で利益を上げるのが基本でもあり、そのうえ一区画が小さいが「店が星の数ほど」ある。そこでのアートフェスについて、「町の人も喜んでいる。アートの展示とお店をつなぐことは、すごく有意義」であり「案外十三は、本当は文化的な要素がある町なんじゃないか」と副理事でイベントプロデューサーの福住恵さんは感じているという。

(四) 平野・町ぐるみ博物館

中世の環濠自治都市として発展した大阪市平野区の「平野郷」地区で一九九三年より活動している「平野・町ぐるみ博物館」は、街中にある文化資源をめぐって歩く常設の回遊型文化イベントである。スタート時は七館であったが現在は十七館ある。母体は一九八〇年の南海平野駅舎保存運動を機に発足した住民主体の「平野の町づくりを考える会」。駅舎保存はかなわなかったが、たそがれコンサート(一九八三—)、平野連歌再興(一九八七—)、くすの木市（フリーマーケット：一九九四—)、モダンde平野（アートフェスティバル：一九九六—一九九八)、平野弁で歌う第九（一九九九—二〇〇二)、ハンブルク映画撮影チームの受け入れ（二〇〇〇)、おも路地（フリースペース：二〇〇四—）など、様々な文化プロジェクトを行ってきた。また一九九九年から二〇一三年まで平野郷ＨＯＰＥゾーン協議会（大阪市ＨＯＰＥゾーン事業推進・運営の地域部会）に参画し、六十軒の古い町屋の改修などの地域魅力創出建築物修景事業に関わった。

これらの多様な「平野の町づくりを考える会」の活動は国外にも知られており、第二十五回国際博物館会議(ＩＣＯＭ）京都大会二〇一九オフサイトミーティングの会場として、二〇一九年九月五日には、世界二十五か国・地域から約九十人の地域博物館専門家が「平野郷」地区を訪れた。

一九九六年から三年間、寺や商店街などを会場としたアートフェスティバル「モダンde平野」は日本の〝まちなかアート〟の草分けの一つである。平野在住のアーティスト樋口ようこさんが企画提案した。アーティストによるコンビニアート、地下水氷柱オブジェの道端展示、コンテンポラリーダンスの路上上演等と並行して、「商店街の各店に額縁を配って日頃商店に並べられている商品を額に入れてアート作品に仕立てる」など住民が表現者となる展示も行われた。三年で終了した理由は、アーティストと住民、どちらの表現発表を重要視するかの意見のすり合わせが上手く行かなくなったからだという。

「平野の町づくりを考える会」の事務局である全興寺の住職・川口良仁さんは、どの活動においても、まちの文化を地区の子ども達に伝えることを目的としてきたという。また人々を内外から受け入れることで、沈殿しがちな地域に新鮮な空気を入れるよう心掛けてきたともいう。その上で「文化のことは（外部の）専門家に任せたらあかん（だめだ）」とし「環濠都市のＤＮＡとして、自分たちのまちは自分たちで守るってやってきた」という。同会の三原則は「おもしろい」「いいかげん」「人のふんどしで相撲をとる」であり。その運営は「会長なし、会則なし、会費なし」の体制とのことであった。

（五）みてアート

ＪＲ東西線・御幣島駅から歩いて行ける範囲で毎年十一月の土日二日間行われているアートフェスティバルは二〇一三年に「御幣島芸術祭（みてアート）」としてスタートした。会場はカフェ、ゲストハウス、町工場、地元企業、文化施設など。「みてアート」はプロアマ問わず、「御幣島芸術祭」はプロのアーティストが関わると二つの名称があるが、どちらも同時期、同地区で開催されている。運営は、社会福祉協議会や民生委員、生涯学習推進員等が参加する実行委員会である。事務局は公益財団法人公害地域再生センター（愛称あおぞら財団）が担っている。また「みてアート」で親交ができたクリエイターらと、御幣島駅に隣接するもと歌島橋バスターミナルを借りアートセンター「西淀川アートターミナル」を二〇一九年に立ち上げた。これらすべては御幣島駅周辺であるが、西淀川区全体を視野に入れた活動であるという。

西淀川アートターミナルは、バス路線減少とともに廃止されたバスターミナル跡である。独特の場所性を活かした前衛的なサウンドインスタレーションの展示もあれば、メーカー協賛の若年層向け公募展もあるが、いずれも「みんなが等しく、楽しく、誰かがつくったものに、触れられる場であってほしい」との思いがあると、西淀川アートターミナルの運営委員の一人、五年前に西淀川区に移住してきた廣畑潤也さんは述べる。

西淀川区域及びその周辺は一九五〇年代後半から七〇年代前半にかけての高度経済成長期に、工場からのばい煙と道路からの排ガスによる都市型複合大気汚染が激しかった。一九七八年より阪神工業地帯の主要企業十社と国・阪神高速道路公団を相手取り、健康被害に対する損害賠償と環境基準を越える汚染物質の排出差し止めを求め、西淀川公害患者と家族の会を中心に日本最大の原告七二六名を数えた公害裁判「大阪西淀川大気汚染裁判」があった。一九九五年に被告企業九社と和解が成立。その和解金の一部を基金に「あおぞら財団」は設立された。「みてアート・御幣島芸術祭」「西淀川アートターミナル」の事務局は、どちらも同財団内にある。

同財団事務局長の藤江徹さんは「特定の目的とか、特定の階層の人が集まるのと違うアートのすごさ」があるといい、実務においても、完成図があやふやなアート作品の野外設置を区役所に説明したり、地域のデザイナーに頼んだ広報物が想定外の仕上がりになったりすることを面白がっている。同財団研究員であり財団附属資料館エコミューズ担当の鎗山善理子さんは「公害があったことを伝えることを行っているが、アートのテーマに「公害」入れてくださいとアーティストさんたちには言っていない。しかしどこかでつながっていったらいいなと思います」とアートに関わる事務局と財団との距離感を述べる。また藤江さんは「西淀は公害の町といわれていたため印象は良くない。一方で便利な場所でありながら都心開発もほぼなく下町が残っていてポテンシャルはあると思う。昔の漁村やった細い路地などが残っている。そのような良さも「みてアート」で焦点をあてて、まちを元気にするきっかけにしたい」との思いもあるという。

（六）見っけ！このはな

ひらがなで表す「このはな」地区は、此花区の梅香、四貫島、朝日の三つの町からなる。二〇〇八年に地元不動産業を営む政岡土地株式会社、まちづくりコンサルタント業の株式会社ｉｏｐ都市文化創造研究所、福岡を拠点とするアーティストの藤浩志らが「このはな咲かせましょう」というアートイベントを開催した。前年の二〇〇七年より「お試し暮らし」と呼ばれるクリエイターの短期滞在事業がはじまり、たばこ店が併設されている二階建て民家などを滞在場所としてリフォームした。

二〇〇八年には町工場を共同スタジオとしてアーティストらがリフォームした「此花メヂア」が拠点となった。日本各地のアートフェスティバルで活躍するアーティスト、浅井裕介、淀川テクニック、下道基行などを招いて、道路や建物、ギャラリーを会場とした現代美術展も行った。二〇〇九年に「此花アーツファーム」の事務局が設置され、アートイベントは「見っけ!このはな」と名付けられた。二〇一三年に事務局は解散したが、二〇一四年には同地区に拠点を持つ現代美術家、音楽家などが実行委員会を立ち上げ、十周年となる二〇一七年まで「見っけ!このはな」を主体的に実施した。年に一回数日間だけの開催であったが、最終的には十七会場、五十名近いアーティストやクリエイターが参加した。二〇一八年以降は、関係者それぞれにこのはな地域の拠点でアート活動を継続しつつ、ゆるやかな連携を続けている。

活動の中心は「このはなゴールデンエイジ」の一九八五年生まれとその前後の世代。その一人で同地区に建築事務所を開いた西山広志さんは「お金があって、それをどう運用していくのかでなく、自分たちはこういうチームで、こういう人たちがいて、こういう場所があるから、イベントしましょうという形でイベントをつくっていった」と振り返る。二〇一四年の発足当初の実行委員は六名であったが、回を重ねて「やりたい人が実行委員となる、ほぼ全員」へと変化したと、同地区にギャラリーを開設した山中俊広さんも参与観察を続けている。

「見っけ!このはな」を切り盛りしてきた工務店を営む大川輝さんは地区在勤者として、「このはなアートフェスタ」(二〇〇七—二〇〇八)のタイル壁画づくりや「此花区青少年育成事業このはなアーツワークス」(二〇一九)など、同区主催のアートプロジェクトにも参加して来た。そして大川さんは「このはなを見つけていこうということではじめて、みんな住み始めて此花の人になった」という。

二〇二三年春、「見っけ!このはな」の主要メンバーが中心となり、「このはな」地区に隣接する正蓮寺川公園アート作品設置のプロポーザル(主催:此花区)に応募した。結果は東京を拠点とする大手企業が手掛けることとなり「このはな」地区クリエイターチームは落選した。此花区東側の「このはな」地区と隣接しない同区西側臨海地域には二〇〇一年に開園したユニバーサルスタジオジャパンがあり、さらに西側の埋立地は二〇二五年開催の関西大阪万博の会場となる予定だ。

三．考察：ジェントリフィケーションと徒歩圏内の実践

ここでは活動の個別でなく複数事例全体を考察していきたい。テーマを「活動の発端が地域の産業構造の変化と関りが深く主に一九七〇―八〇年代」「活動は徒歩圏内である」、そして「活動における地名の示す範囲が行政の定める範囲と必ずしも一致しない」の三つに絞る。

一点目、いずれの活動のきっかけも地域の産業構造の変化と関りが深い。主に一九七〇年代から八〇年代であった。KVC構想は一九七〇年代後半に地域産業であった造船業が地区外に移転したことにより生まれた空間をクリエイティブな活動に転用していた。「みてアート」の運営母体あおぞら財団は一九七〇年代から続いていた近隣の阪神工業地帯などの公害との和解金により運営されており、脱工業化ともいえる地域の変化が関係している。

また、「見っけ！このはな」においては、使われなくなった工場や空き家があり、釜ケ崎芸術大学の受講者の中心となる地区に暮らす単身高齢男性の元労働者たちは一九七〇年代の都市政策により同地区に移住してきた人々であろう。また「平野の町づくりを考える会」は、一九八〇年代の電車路線廃止が発端となっていた。十三の風俗化への思いを淀川アートネットの設立メンバーが言語化したのは二〇〇〇年代に入ってからであったがこれも高度経済成長期との関りが深いだろう。

二点目、いずれの活動も徒歩圏内である。大型の芸術祭のように交通機関を乗り継いで複数エリアを訪問することはない。各々の対象面積は異なるが、いずれも「歩ける」と返答し、自転車や自動車を使うことはあっても、活動において電車やバス、自動車などの交通手段を用いた移動を前提としていなかった。

三点目、活動名にある地名の範囲と行政区は重ならない。筆者は、インタビュー内容と、各活動が発行しているオリジナル地図と、活動名称にある地名と、行政が定める地名が示す範囲を比較した。その結果、KVC構想

を除き、行政区と活動する地名の範囲が重ならないことに気づいた。

平野・町ぐるみ博物館の「平野」は区名でもあるが、区全域の活動ではない。区の人口の約二割である中世からの「平野郷」と呼ばれていた地区の「平野」である。「見っけ！このはな」は区名をひらがな表示しているが区全域ではなく、人口として一割強の梅香、四貫島、朝日の三町のみが活動地域である。両者は行政区よりも小さい規模で地名を使っている。

一方で十三アートフェスにおいては十三駅周辺のみならず近隣の西淀川区の塚本駅近辺も会場地図に入っている。「みてアート」の「みて」は「御幣島」の「みて」であるが、実際の活動は西淀川区全体と考えていた。さらに釜ケ崎は、知られた地名であるが、実際にこの地名は実在しない。なお、地図には表れていないが、KVC構想を運営する財団の助成プログラムやウェブマガジンの対象は北加賀屋地区より広い。

〈地域アート〉の名称にある地名が、行政区が示す地理と同じでないことは、行政の〝上から〟の管理の下でアート活動を行っているのではなく、人々の日々の暮らしから生まれた地域の地理感覚が、それぞれのアート活動の範囲に表れていると考えられる。そして助成金を得たり、協力関係にあったとしても、いずれも行政が主催に加わってはいない。つまり地域の人々が主体となるアート活動であるといえる。

以上のことにより、本稿で注目した六つの活動から見える、大阪の〈地域アート〉は、徒歩圏内の活動であり、暮らしの地理感覚による地名を行政区よりも重んじて用いており、そのことから地域の人々の主体性が強いといえる。また活動のそもそものきっかけが、産業構造の影響が大きい地域の空間の変化に対する人々のアクションであった。ジェントリフィケーションへの加担や対抗ではなく、ジェントリフィケーションがおこる都市空間で暮らし、働いていくための、それぞれの戦略としてのアート活動ともいえるだろう。なお、この大阪の〈地域アート〉が、政治性を前景化していないかどうか、さらには可視化されていない文化との接触により新しい表現が生まれたかどうかは、各活動の表現をもっと丁寧に見て行く必要があるが、字数が足りない。いずれ稿を改めたい。

補足的だが、各活動が美術になりうるのか考えてみたい。KVC構想、見っけ!このはな、釜ケ崎芸術大学はインタビューにおいて美術館で展示を行っているアーティスト名が出てくるなど、その活動は美術館を殿堂とする美術史の文脈を内包するものであった。一方で、十三アートフェスは「作品の質は、今のところは問わない」とし、みてアートは「プロアマ問わず」としていた。また平野・町ぐるみ博物館の母体「平野の町づくりを考える会」が取り組んだモダンde平野においてアーティストと住民の表現発表の扱いへの意見の食い違いがあったとした。美術へのこだわりは、活動の対象となる地区の人口が少ないほど強い(8)。

さらに美術におけるジェンダーギャップが反映されたと思える側面もあった。インタビューした十二名の年齢とジェンダーを考えると、男性が三十代から八十代までの幅広い年代であるのに対して、女性は三十代から五十代であり六十代以上がいなかった。美術史と同じく男性優位になりやすい状況があるといえるかもしれない。

注

(1)アートプロジェクトとは「現代美術を中心に、おもに一九九〇年代以降の日本各地で展開されている共創的芸術活動」(熊倉、他二〇一四)を指す。
(2)大阪における美術ジャンルが含まれる公的な芸術祭としては、大阪現代芸術祭(大阪市、二〇〇三—二〇〇五)、大阪トリエンナーレ(大阪府、一九九〇—二〇〇〇)、大阪・アート・カレイドスコープ(大阪府、二〇〇四—二〇〇八)、大阪カンヴァス(大阪府、二〇一〇—二〇一六)、大阪文化芸術フェスティバル(大阪府・大阪市、二〇一七—二〇二一、後続事業:大阪文化芸術支援プログラム(二〇二二—))、大阪文化芸術創出プログラム(二〇二二—)。
(3)英国における「プロジェクトの名前自体に、ある特定の地区の名前をつけたもの」について「コミュニティ・アーティストたちの多くが明確な意図をもってある特定の地域に基盤をおいたことが確認できる」(小林二〇一三)。
(4)みてアートは、御幣島芸術祭と同時開催であり西淀川アートターミナルのきっかけとなり、関係者は重複する。ここでは三つを総称して「みてアート」と記す。
(5)催しとしての「見っけ!このはな」は二〇一七年に終了しているが、その関係者が同地域で引き続き活動しいている。

ここではその後の活動含め「見っけ！このはな」と記す。

（6）近年の日本においては、東京都渋谷区の宮下公園がMIYASHITA PARK に変容する際に、反対側と推進側それぞれがアートを用いた。

（7）全て敬称を略す。訪問インタビューに協力いただいたみなさまに心から感謝します。

（8）釜ヶ崎芸術大学（西成区萩之茶屋、太子、山王）一四九六三人、KVC構想（住之江区北加賀屋）五八四一人、十三アートフェス（淀川区十三東、十三本町、十三今里、新北野）二八八四人、平野・町ぐるみ博物館（平野区平野上町、平野元町、平野馬場、平野北、平野宮町、平野市町、平野東、平野本町、平野南、流町、平野西、背戸口、西脇）三七六一九人、見っけ！このはな（此花区梅香、四貫島、朝日）七七八六人、みてアート（西淀川区全域）九五八六四人（参考：大阪市令和二年国勢調査小地域集計・独自集計）

参考文献

上田假奈代二〇二〇「現場のわりきれなさと，（あまり）現場にいない言葉たくみな人：大阪・釜ヶ崎で喫茶店のふりをするアートNPOココルームを研究者はどのように語るか」『空間・社会・地理思想』二三号

同二〇二二「10年。」『釜芸2022秋冬』NPO法人こえとことばとこころの部屋（ココルーム）

小田原のどか二〇一七『彫刻の問題』トポフィル

同二〇一八『彫刻SCULPTURE』トポフォル

川口良仁二〇〇八「遊び空間「おも路地」―まちづくりと多世代交流―」中井孝章、川口良仁、小伊藤亜希子『OMUPブックレットNo・16 街づくりと多世代交流「共生ケア」シリーズ1』大阪公立大学共同出版会

熊倉純子監、菊池拓児＋長津結一郎編二〇一四『アートプロジェクト　芸術と共創する社会』水曜社

小林瑠音二〇二三『英国のコミュニティ・アートとアーツカウンシル‐タンポポとバラの攻防』水曜社

笹島秀晃二〇一五「SoHoにおける芸術家街の形成とジェントリフィケーション」『日本都市社会学年報』三三号

同二〇一六「ニューヨーク市SoHo地区における芸術家街を契機としたジェントリフィケーション‐1995～1997年における画廊の集積過程に着目して‐」『社会学評論』

六七巻一号

竹田直樹一九九七『日本の彫刻設置事後湯　モニュメントとパブリックアート』公人の友社

谷脇栗太二〇一二「からほりとわたくし-からほりまちアート顛末記」大阪大学大学院文学研究科文化動態論専攻アート・メディア論研究室『Arts and Media』松本工房

西淀川公害患者と家族の会編二〇〇八『西淀川の公害を語る　公害と闘いの環境再生をめざして』本の泉社

中西美穂二〇〇九「いちむらみさこ（ホームレス・アーティスト）ーひるまずファンタスティックに生き延びて、そして、その場を共有すること。」ウィメンズアクションネットワークホームページ（最終閲覧二〇二三年八月二〇日 https://wan.or.jp/article/show/332）

ドキュメント２０００プロジェクト実行委員会二〇〇一『社会とアートのえんむすび１９９６―２０００―つなぎ手たちの実践』ドキュメント２０００プロジェクト実行委員会

表現の調査団二〇二三『ジェンダーバランス白書２０２２』（最終閲覧二〇二三年九月八日 https://www.hyogen-genba.com/gender）

李ロウン二〇一七「工業衰退地とその近傍における文化芸術活動を起点とした地域再生に関する研究」大阪大学大学院工学研究科博士学位論文

山中俊広二〇一八「此花区梅香・四貫島エリアの10年-まちとアートの取り組みとその変化-」一般財団法人大阪地域振興調査会『融』七月号

吉澤弥生二〇一一『芸術は社会を変えるか？文化生産の社会学の視点からの接近』青弓社

〔寄稿〕

共助の担い手の組織アイデンティティとその変化

――地域防災活動における連携事例を手掛かりに

加野　泉

一．はじめに

防災活動の主体は、自助、共助、公助の三つに区別される。日本では、一九六一年の災害対策基本法により、災害対策の基本は公の責任であることが宣明され、災害対策、防災活動は公が主導するものと長らく認識されてきた。しかし、一九九五年の阪神・淡路大震災により、公助を柱とする防災対策の限界が広く認識されるようになり、次第に自助・共助を重視する政策へと転換が図られた。一九九五年の災害対策法の改正では、国民の自発的な防災活動の促進と自主防災活動の環境整備が盛り込まれ、二〇一一年、二〇一二年には、地域の自主性及び自立性を高めるための改正が行われた。この流れの中で、各地の自主防災組織の形成が進み、一九九五年四月に全国平均四三・八％であった自主防災組織のカバー率(1)は、東日本大震災後の二〇一一年四月には七五・八％に、二〇二〇年四月には八四・三％へと上昇している（消防庁二〇二〇：二七七）。

東日本大震災では、被害が広域にわたり、自治体の庁舎や職員も被災したことから、住民が地域の安全を自分たちで守る自助、共助の意識をより一層高めていくことが求められるようになった。また、約五五〇万人のボランティアに加えて、ＮＰＯ・ＮＧＯ、企業など様々な主体が被災地で多数活動し、多彩な専門性を持つ支援主体による活動が被災者のニーズを幅広く掘り起こした。しかし、その一方で、各々の担うべき共助の役割や範囲が明確ではなかったことや、知らない団体が地域に介入することへの住民の不安や不信感から、多くの組織間に軋轢が生じたことも報告されている（内閣府二〇一二）。

こうした経験から、近年は、共助を担う組織間の円滑な連携が目指されている。二〇一三年に成立した「消防団を中核とした地域防災力の充実強化に関する法律」では、多様な主体の連携協力が「地域防災力」の基本であると明確に示され、同法施行の翌年の「平成二六年版防災白書」では、「共助による地域防災力の強化～地区防災計画制度の施行を受けて～」という特集が組まれ、住民と行政の連携による取り組み事例が複数紹介されている。

このように、地域防災における自助、共助において連携の重要性が説かれる一方で、行政とＮＰＯ、市民ボランティア等の多様な組織の連携や協働について、その形態や実践は十分に検討されておらず、社会運動論においても、体系的に研究されるようになったのは二〇〇〇年代に入ってからである（藤田・富永・原田二〇一四：一）。

社会運動論では、イデオロギーが運動組織の連携の鍵であることが指摘されている。ここでいうイデオロギーとは、各運動組織が有する利害関心、目標、アイデンティティという、文化的な要素の総称であり、それが一致することによって連携が起こる（Guenther 2010:120）。また、行政学の視点から、公共管理の非営利団体と政府のパートナーシップについての文献レビューを行ったブリンカーホフも、パートナーシップを決定づける二つの重要な側面として、組織間の対等性と組織のアイデンティティといった文化的要素を挙げ、連携関係のもとで、組織がアイデンティティを保ち続けていく要素の検討の重要性を指摘している。（Brinkerhoff 2002:27）。

連携について、日本では、環境保全や文化資源活用などにおける企業、行政、市民とＮＰＯとの連携の実相を描こうとする研究が多く見られる。しかし、防災に的を絞ると、日本において連携の重要性が説かれ始めたのが東日本大震災以降と日が浅く、事例が限られる上、連携研究のモデルを踏まえた検討はほとんど行われていない。そこで、本稿では、防災の共助の連携活動の基盤となる社会文化的要素を描出することを目的として、防災ボランティア団体の他組織との連携の事例から、活動主体によって表現される組織のアイデンティティを析出し、連携活動の中でのその変化について検討する。

二、分析における視座

（一）連携の定義

英語では連携を表す用語が多くある。二〇一〇年に刊行された社会運動組織の連携をテーマとする社会運動論初の論文集では、coalition の語が用いられ、序章で「二つ以上の社会運動組織が共通のタスクのためにともに活動すること」と定義される（Van Dyke & McCammon 2010: xiv）。また、一九七二年から二〇一五年にかけての非営利団体のコラボレーションを論じた六五七の実証研究について分野横断的に論文レビューを行ったガズリーとグオは、collaboration を「何らかの相互の目標を共有する組織間の共同作業を伴う活動」と定義し、partnership、governance、alliance の語を collaboration と同義であるとみなして分析をしている（Gazley & Guo 2020）。これらの研究からは、coalition も collaboration も同じく「共通の目標を持つ複数の組織が共に活動をすること」と定義されていることがわかる。

これらの先行研究を踏まえて、本稿においても「連携」を「同じ目標の下に共に活動をすること」と定義し、ただ名を連ねる、または意見交換をするのみの関係性は「連携」とは見做さない立場をとる。また、こうした「連携」の動的側面を描出して論ずるために、ブリンカーホフの「パートナーシップモデル」を分析枠組として用いる。

（二）ブリンカーホフの「パートナーシップモデル」

ブリンカーホフは、連携の関係性に着目し、政府と非営利団体の連携について論じた文献のレビューをもとに、「相互性」と「組織のアイデンティティ」という二つの軸で分析する「パートナーシップモデル」を提唱した（Brinkerhoff 2002）。「パートナーシップモデル」では、組織のアイデンティティが、パートナーシップ開始のための原動力であり、かつ連携する組織間の相互性が高まるほど組織のアイデンティティは強化されると考える。ここでいう相互性とは、意思決定における平等性、対等性を意味する。また、組織のアイデンティティについて、ブリンカーホフは二つのレベルを指摘しており、第一に、組織の持つ独自の使命、価値観、および説明

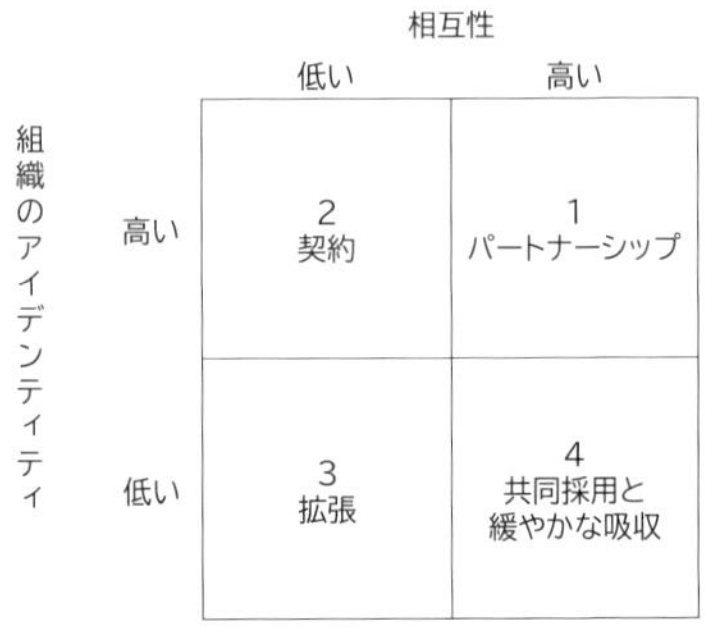

図１　パートナーシップモデル

と対応の責任を負うべき特定された構成要素を指し、第二に、組織の比較優位性を維持することを指す。つまり、連携する中で、組織が独自の使命と役割という文化的要素を認識しており、それに従う、あるいはそれを反映させる行為について連携相手に冒されない地位を保っているという要素の複合体をアイデンティティと定義する。そして、共同で合意した目的と価値観、相互の信頼と尊重が加わった状態を「理想型パートナーシップ」であるとする。

ブリンカーホフは、「相互性」と「組織のアイデンティティ」をそれぞれ高低で評価して四象限に分類し、連携の状態を相対的に区別する「パートナーシップモデル」を唱えた[2]（図１）。連携関係の下で、より弱い立場にある行為者について、相互性と組織のアイデンティティが高く保たれる第一象限を良好な関係性と見なし、「パートナーシップ」と名付ける。第二象限の「契約」は、相手組織によって自組織の特性や貢献が理解されているが、プログラムの目標や方法を決定する自治権は与えられずに実働と報告のみを求められるようなケースを指す。相互性、組織のアイデンティティともに低い第三象限は「拡張」と名付けられ、一つの組織がすべてを采配し、その他の組織は支配的な組織のリードに従う状態を指す。一方、相手組織の自己決定権が増すと、第四象限「共同採用と緩やかな吸収」に分類される。目的と手段に関して組織が相互に合意しているように見えたり、支配的な相手組織のリードに従うことが自分たちの利益になると確信している例が当てはまる。しかし、その関係性のもとでは、徐々に妥協と適応のプロセスを経て、長期的には自組織のアイデンティティが失われていくことが懸念される（Brinkerhoff 2002:24-26）。

このように、ブリンカーホフは、組織のアイデンティティが、本質的に動的なものであることに着目している。本稿においても、組織のアイデンティティを、社会的ニーズの把握や、他組織との関係性や影響の下で変化するものとして捉えて描出し、ブリンカーホフの「パートナー

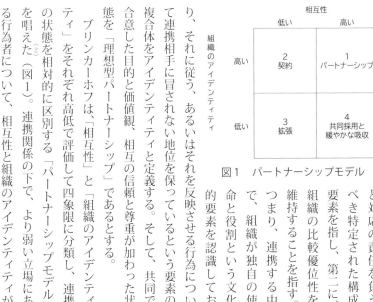

シップモデル」を参照してその動きを検討する。

三　分析の対象

（一）調査対象

本稿では、地域防災活動における連携の事例を取り上げ、自主的に活動する団体が表現する、自組織の目的、役割意識、活動における自負心を、表出されたアイデンティティとして分析する。この観点での分析に適した経験を持つ組織の条件としては、長期にわたり組織で地域防災に関わる活動をしており、かつ連携の経験を持つこと、成員の自主性に基づいて活動が行われている、すなわちボランティアの組織である。以上の条件をすべて満たす組織として、名古屋市で活動する団体Xを調査対象とした。

団体Xは、名古屋市主催の災害ボランティアコーディネーター講座の卒業生のうち、X区の住民が活動する防災ボランティア組織である。成員は三七名で、それぞれが、居住する地域の共助の活動を担う意志を持ち二日間の講座に参加し、講座で得た知識やスキルを生かせる拠点として自主的に団体Xに属している。後述するように、愛知県と名古屋市は、二〇〇〇年の東海豪雨水害の際に、愛知県庁内で日本初の公設民営による災害ボランティアセンターを立ち上げており、防災における行政とNPO、ボランティアの三者間の連携活動の長い歴史と実績を有する。こうした背景から、名古屋市の住民ボランティア組織の一つとして一五年以上にわたり積極的に活動してきた団体Xが、本稿の調査対象として最適であると判断した。

（二）調査方法

本稿は、団体Xの創設者で、顧問のM氏、代表のJ氏へのインタビューデータを分析の対象とする。インタビューは、二〇二二年八月三日一五時三〇分から一七時三〇分に、行政や社会福祉協議会（以下、社協）、他団体との連携の経緯と現状、課題を中心的なトピックとして対面で行った。事前に一〇項目の質問用紙を先方に送り、それをガイドに進行する半構造化面接法で行った。冒頭でインタビューの目的を明示し、学会報告、論文での回答内容の引用と分析について承諾を得た。

（三）調査地の地域防災上の特徴

団体Xが活動する地域は、区の中央と西端に川が流れている。二つの川に挟まれた台地は、良好な砂礫質の地盤であり、熱田神宮の神領として古代から栄えた歴史を持つ。この地域では、南海トラフ地震による津波や液状化のリスクは想定されていないが、名古屋市が公表する二〇〇〇年から二〇一三年の浸水実績図で確認すると、二〇〇〇年以降は内水氾濫による被害が繰り返し生じている。地域で語り継がれる被災経験としては、一九五九年の伊勢湾台風が最も大きく、次いで二〇〇〇年の東海豪雨水害があり、自主防災組織の結成においてもこの二つの大水害の影響が大きい。

名古屋市の自主防災組織については二つの流れがある。一つは名古屋市が一九八二年から主導した町内会・自治会を中心とした自主防災組織の結成促進の流れを汲むものである。もう一つの流れは、認定ＮＰＯ法人レスキューストックヤード（以下、ＲＳＹ）を中心とするものである。ＲＳＹは、熊本地震の「火の国会議」[3]の場づくりの中心にいた、認定ＮＰＯ法人「全国災害ボランティア支援団体ネットワーク（ＪＶＯＡＤ）」代表理事の栗田暢之が、二〇〇二年に立ち上げた組織である。栗田は、二〇〇〇年の東海豪雨水害の際には、愛知県、名古屋市、名古屋青年会議所、名古屋市社会福祉協議会と連携し、愛知県庁内に立ち上げられた日本初の公設民営による災害ボランティアセンター「愛知・名古屋水害ボランティア本部」の指揮を執り、東日本大震災においては、宮城県七ヶ浜町で一〇年にわたって支援活動を行うなど、行政との連携による協働を数多く経験してきた。東海豪雨水害後の二〇〇二年から、栗田の要請、ＲＳＹの企画によって、名古屋市は「災害ボランティアコーディネーター養成講座」を開始した。第一期の卒業生が自発的に区横断的な防災ボランティア組織「ボランティアコーディネーターなごや（ボラコなごや）」を創設し、さらに、第二期、第三期の卒業生が各区にボランティア団体を自主的に立ち上げていく流れが生まれ、二〇〇二年から二〇一〇年までの間に、名古屋市一六区全てに養成講座の卒業生が属する防災ボランティア団体が発足した。団体Xは、この流れの中でM氏が養成講座の受講後に自主的に創設したもので、一五年以上の活動実績がある。

四．表出される組織のアイデンティティ

本章では、団体XのM氏、J氏の組織アイデンティティ形成と変化に関わる語りとその背景を示す。（一）設立をめぐる行政との対立と役割の模索、（二）団体設立の三つの目的と、連携による意識変化、（三）災害支援における連携の現状、という三場面に焦点を当て、組織が持つ独自の目的と役割についての意識、他組織との関係性の認識に着目する。なお、語りの中で特に強く独自性、自己評価を表出する部分に傍線を付す。

（一）設立を巡る行政との対立と役割の模索

災害ボランティアコーディネーター養成講座で地域防災力を向上させる活動に大きな意義を感じたM氏は、すぐにX区の防災ボランティア団体に加入しようと考えたが、当時、X区には団体がなかったため、設立のための活動を開始した。M氏は、当時の状況を次のように語る。

①設立を巡る行政との対立

M：「ないなら創らないかん」って、一緒に同期に（講座を）受けた連中と会を創ろうと思って、関係の所にいろいろ話しに行ったら、区役所がけんもほろろ。（中略）それでも諦め切れなくて、消防団長に会ったり、区政の先生（議員）に会ったり、いろんな人と会って、何とかできたのが一年半後ですよ。（中略）中には防災は不十分でボランティア団体に対して、「心強い」っていう人もいるし、そういう所が多かったですけど、ある学区では「地域の防災は形が決まってるよ」って言われて。消防団がいるでしょ。簡単に言うと、俺たちの領分邪魔するなよ、みたいなことを言う。

名古屋市では、防災ボランティア団体が全区に設立されているが、設立の時期や地域によって、行政側の対応は大きく異なる。伊勢湾台風や東海豪雨の被害が甚大であった地域は防災ボランティア団体の自主的な設立が歓迎されたが、X区では、区役所の担当者が防災ボランティア団体の設立に懐疑的な態度を示した。区役所、消防署、消防団の一部には、団体設立は必要なく地域で担う役割もないという声もあり、M氏は団体設立のために役割を模索することから活動を開始した。

② 設立前の役割の模索

M：それで、最初の丸二年ぐらいはとにかく何やっていいか分かんないんだから、よそがやってる（ところに）行ってはお手伝い、っていう形で行って。他の区で先輩の女性が、子ども避難所もう一個やるよとか、「お手伝い行くわ」って。津波対策で何とかの学校の屋上まで車いす上げるよって言ったら、「手伝うわ」って上げてとか、川沿いの地域では大声競争。「助けて」っていうの、騒音調査（の装置）で測って。そんなこと、いろいろ手伝いながらやってて。こういうことって（X区では）ウケるかなとか、これは駄目だなとか自分で判断するようになった。と同時に、もう一方では地元に密着しないと。自分だけ専門家ってなったら駄目だからっていうことで、地元でやってるほとんどの地域の行事に参加しました。年末の餅つき大会から、一二月二八日の防犯の、ずっと町内、回るやつ。七月の夏休み前に子どもの非行防止で、PTAの顔して、子ども入りそうなゲームセンターへ行って、とか、全部自分も参加して、地域からも、「あの人地域でやってくれるな」と思われて、知られてくと。そうこうしてるうちに。（東北の被災地で自身の携わった支援活動の記事を示しながら）社協の機関紙に特集で載せてもらったんですよ。こういうふうに社協なんかに載せてもらうと、防災の話（講演）はMさんに任せようみたいなこと言って、ちょこちょこと依頼が来て。そんなふうで繰り返してやっていくうちに、被災地行って活動してくればそういう話もできるし、というふうでずっとつながってきたのが現状なんですよ。

団体Xの設立までの一年半、M氏は他の団体の手伝いを繰り返し、役割を模索した。災害時に居住地域で災害ボランティアセンターを立ち上げるための知識や基本的なスキルは養成講座で学んだが、平時の地域での活動については、地域で区役所や消防署と交渉し、その時点の担い手の活動内容や範囲を探りながら他区の既存の団体の活動を手伝って役割を探した。それと同時に、M氏は、防災に限らず地域活動に熱心な人物として地域での認知を高め、団体設立を実現した。さらに、能登半島地震（二〇〇七年）の際には、単独で現地に向かいボランティアとして被災者支援活動に参加し、東日本大震災では、宮城県七ケ浜でのRSYの支援活動、岩手県大槌町の支援活動に複数回参加して、自身の災害支援のスキルを向上させ、M氏自身も名古屋の災害支援ボランティアの代表的な一人として成長してきた。

（二）団体設立の三つの目的と、連携による意識変化

団体Xが設立された時、設立までのM氏の活動経験に基づいて、目的が三つ掲げられることになった。一つは、居住する区内での災害ボランティアセンターの立ち上げ、二つ目は、平常時の行政が行う訓練への参加と地域住民への啓発活動である。これら二つは、市の養成講座から生まれた団体では共通するものである。M氏は、ここに「顔の見える関係を広げること」を団体Xの独自の目的として加えた。

③ 設立時の目的「顔の見える関係を広げる」

M：顔の見える関係を広げるっていうのが会の目的になってるんですよ。防災、関係ないみたいなんだけど、顔の見える関係にならないと。「顔を知ってる人と知ってない人を見たときにどっちを先に助けますか」いったら、知ってる人に決まってるじゃないですか。だから、顔の見える関係を広げるということも会の目的ですと。そんなことをやってるもんだから、（防災と）縁のない（ように見える）ことでも、餅つきもやらないかんし、草取りもやるし、ごみも拾うしっていうことをやってます。（中略）（防災のグッズの話をするにも）僕が「ご通行中の皆さま」って防災訓練のときやるんじゃなくて、「ねえ、あなた。あなたのために持ってきたよ」ってやることによってつながったっていうことですね。

M氏は、被災地での支援活動の経験や自身の防災についての知識を高めるとともに、住民の自主防災力を高めることを重視しており、自主防災力向上のためには「顔の見える関係」が欠かせないと考えている。防災に詳しいM氏や団体のメンバーが住民の知人として存在しており、知人が「あなたのために」防災の話をする、という方法が最も啓発活動として効果的であるとし、地域の多種多様な活動に参加し続け、それも団体Xの防災ボランティアの一員としての活動であると考えている。

一方、団体Xの設立四年後に加入し、現在は代表を務めるJ氏は、M氏とは異なる視点から「顔の見える関係

作り」の重要性を説明する。

④「顔の見える関係」の新たな解釈

J：僕、防災っていうのやり始めて、ヘルパーの資格も取ったし。なんで取ったかっていうと、要介護者、支援者が。介護者っていうのは我々も実際問題、障がい者っていうのもひとくくりにできないじゃないですか。それをどうやって経験したらいいかと思ったときに、僕は被災地に行って、何もしたことないんですよ。ないけど、ないからってできないこともないだろうっていう。そういう被災者の、障がい者の目線も経験できることってあるだろうっていうのでヘルパー取って。防災やってる以上は、そういう所（被災地）に行った、片方の目だけで見てはいかんだろうっていうのがありますしね。そういう意味では家具固定も。本当に家具固定して喜んでもらえるのもあるけど、困ってるっていう人がどういう形で（地域に）いるんだっていうことの中に入って見られるんで。（依頼者と）話さなくちゃいけないんで話すじゃないですか。そういう接点を持つっていうことが、向こう側の立場の人を見て、感じて、やってる。

被災地での支援活動経験を持たないJ氏は、防災ボランティア活動に役立てるためにヘルパーの資格を取り、その視点で「顔の見える関係」作りを、地域で困っている人がどう生活し、どんなサポートが必要なのかを知り、要配慮者の目線を経験し、災害支援に役立てていくことと考えた。J氏の語る「家具固定」は、住民からの依頼を受け、住宅内の家具を留め具等で固定するボランティア活動である。J氏が団体に加入したのち、団体Xは、家具固定ボランティアを団体の取組みとして担い、団体の目的に加えることとなった。

名古屋市は、家具転倒防止ボランティア養成講座を実施し、受講したボランティアを登録して、依頼のあった家庭にボランティアを派遣する事業を行っている。高齢者など、自分で家具転倒防止を実施することが困難な住民を対象に一世帯あたり原則家具三つまでを無料で固定する。ボランティアには市から協力金が支払われ、材料費は依頼者が負担する仕組みで、各区消防署がこの事業を管理している。

団体Xでは、複数の会員が家具転倒防止ボランティア養成講座を受講済みであり、中には講座の講師を務めるメンバーもいるが、名古屋市の制度とは異なる形で区内での「家具固定」[4]の活動を行っている。住民からの依頼を消防署を通して受けるところまでは名古屋市の制度に則しているが、固定する家具の数に制限は設けず、市からボランティア個人に支払われる協力金も申請しない。市の制度とは異なる形で活動を行うことになった背景を、J氏は次のように語る。

⑤ 家具固定活動を通した自負心の表出

J：（消防は）家具固定っていうのを取り上げると、例えば出世するとか、うまく組織として回せるっていうのでやるんだけど、実際問題うまく回せるようなやり方をしてると思えないんだよね。組織だけつくって、養成講座やって、受けた人は登録します。それだけ。そうすると、素人が養成講座を受けて、まとめる人もいない。たまたまX区とかM区とかY区はそういうまとめる人間がいて、（うまく）やってるだけ。他の区だと誰がやる（まとめる）の?っていう話で。（ある区では）消防署から、（ボランティアに）登録してある人の名簿が（ボランティア団体に）来て、「この人とこの人呼んだらどうですか」って（消防署が）投げ掛けするんですって。これは他の区で聞いたんだけど。消防署が「三棹までしかやっ（固定し）ちゃいかん」とかね。そういうことも言われて、やりに行くんだけど、その選ばれた人がどの程度の（技能）レベルかもさっぱり分からん。三棹なんて・・・今日だって行った所なんか箪笥が六棹、七棹ぐらいあるんだね。「それ、留めなあかんね」って言ったら、「テレビも留めなあかんよね」とか、いろいろ、「冷蔵庫も留めなあかんよね」ってやると、本当に十件ぐらいになるんですよ。そうでないと、「あなたの身を守る」っていう我々の自負心があるじゃないですか。それが満足できないんで。

市の制度に則して活動すると、固定する家具は三つまでと制限され、依頼者が留め具代を負担する。しかし、団体Xの「家具固定」は、区役所から社会貢献活動を行うと認められたボランティア団体に支払われる「活動補助金」と、区の社協から支出される「補助金」で家具固定の活動資金を賄っており、依頼者が留め具代を負担する必要はない。名古屋市の制限的なルール下では「我々の自負心が満足できない」という思いから、市のルールとは異なる形で消防署との連携関係と独自のサポート内容を作り出し、「家具固定」の活動を団体の柱としていった。

家具固定で連携する消防署との現在の関係性を両氏は次のように語る。

⑥ 消防署との関係性

M：消防は、家具固定は（団体Xが）やってくれてるな、と言うのかな。

J：そこら辺（家具固定）から潰していくしかないんですよ。ただ、消防署なんかは結局、（団体Xに家具固定は）丸投げみたいな形になっている。

M：要するに防災は、俺たち（消防署）がやるって市は、消防署ががちっと握ってて、自分たちの子分として各学区に消防団を付けて、やらしてるという活動。だから、防災ボランティアは部外者なんです。

J：しょうがないと思うんですね。消防っていうのは命令系があっちもこっちもだったら何やったらいいか分かんなくなっちゃうんで。縦社会なんで上から「やれ」って言われたらやるっていう形で。僕らは命令されてやるわけじゃないし、命令されなくても余分なこともやるし、余分な発言もしちゃうんで、多分、煙たいなと思われてると思います。

ここでは、消防署との関係性を良好と捉えていないことが表現される。独自のサポート体制を作り上げた団体Xに「家具固定」については任せるが、それ以外の地域防災活動については連携しない消防署の立場に理解を示しつつ、一方で、団体Xが、地域防災に役立つ存在として、独自の役割を消防署に認めてもらうための糸口として「家具固定」を捉えていることも確認できる。

（三） 災害支援における連携の現状

本節では、災害支援活動における行政、社協との連携についての語りに焦点を当てる。

二〇二一年七月に名古屋市で集中豪雨があり、翌日の新聞で、X区内での床上浸水被害が報道された。この時、団体Xは、区内で床上浸水した住宅の復旧支援の活動を区役所職員、区社協と連携して行った。

⑦ 区内での災害支援における連携

J：（新聞を見て）「何これ」って、すぐ区役所に電話して。（中略）「手伝うよ」っていうことを言って。主で動くわけにいかないんで。

M：床上浸水になると、市から見舞金が出るわけ。だから、区役所も動かざるを得なくて、調査に行ったりして。そこに「一緒に連れてってください」って言って、見に行って、どうしましょうって。

J：なかなか、そういうのって市だって一般公開しないから。我々がこういうことやってるもんで、向こうも情報くれて、手伝うっていう形になったっていうところですね。

M：市社協にも連絡してくれたみたいで、区社協が。（市社協が）活動資金は出しますからとか言ってくれてね。「応援はいいですわ」って言って、結局来たんだけど。（中略）地獄ですよ、夏場のあれは。

J：布団がべちゃべちゃで。そのまま（にしてて）。住んでる人だけではどうにもならないような人が住んでるんで。べちゃべちゃで。

M：あのとき一軒だけで二部屋。社協から結構、来たんですよ、職員。ケアマネさんみたいな人も来てくれて。（中略）こういうニーズがあるときにどれだけのボランティアを派遣するかって把握できた。

区役所の調査に同行し、現地で復旧支援の活動を行なった経験を、J氏は、平時から地域での防災活動を担い、実績を積んできたからこそ得られたのだと評価する。この時は、区役所職員、団体Xのメンバー、区社協職員が現地に駆けつけ、実際に水に浸かった物の始末などを一緒に行ったため、区社協による団体Xへの支援内容も語られた。浸水した建物の住民は自身では復旧作業ができない状態であったため、区社協からはケアマネージャーが駆けつけ、福祉面の支援も現地で検討されたという。災害時に支援にあたるボランティアは、平時には要配慮者の個人情報に触れることはなく、活動時も、それぞれ状況の違う要配慮者にどのような支援が必要かを判断することは難しい。M氏はこの活動で区社協と共に活動したことが、団体にとって大きな意義をもつ経験であったと評価する。

この事例からは、区役所と団体Xの関係性は、設立前とは大きく異なり、相互に信頼し、共に活動していることと、そして区社協が団体Xの活動に対して実質的な支援をしていることがわかる。区社協は、設立当初から団体Xの設立を歓迎しており、団体Xの所在地は区社協内に置かれ、活動用の資材は、区社協が「防災倉庫」として賃貸する倉庫に保管されている。このような、手厚い支援について、J氏とM氏は「他の区を見回しても珍しいことで、本当にありがたい」としながら、次のように背景を説明する。

⑧ 区社協との関係性

J：それは我々が物を言うからですよ、社協に対して。言わなきゃ何もやってくんないっていうことです。言うから、こういうのやろうよとか、いつやるんだっていう話までして。

M：（区社協は我々が）ボラセンも熱心にやってくれてるからという意識で見てくれてるんで、我々は（社協を）熱心にやってくれてるっていうことでお互いに良さを認めてる。（中略）実際に被災した所へ行くと、地元の社協が（ボランティアセンターで）できることっていうのは正直ほとんどないんですよ。彼らは自分たちのエリアの高齢者とか困窮者を見ないかんでしょ。そうすると、社協のブロック支援っていうのがあって、岐阜県、福井県、三重県かなんかから来るわけ。寄せ集めの社協の職員がボラセンやってるわけですよ。この春就職しましたみたいな新人の子がやってたりね。ひょっとすると名古屋もそうなる可能性があるなと思って。そうすると、そういう社協の人たちも来るという前提で、私たちも地元でボラセンやるときにもそういう意識を持ってないと。社協の職員来たけど役に立たないみたいなことも起きかねない。

J氏、M氏は、区社協との関係性について、企画や支援の必要をお互いに率直に話し合える関係であると解釈している。そして、ここまでの支援を得られるのは、もちろん団体Xが要求を伝えるからでもあるが、「ボラセン（訓練や啓発）を熱心にやってくれてるから」と区社協が団体Xを評価しているからであると考えている。同時に、区社協の地域での役割やその意義も理解し、お互いに良い連携関係であると語る。

二〇〇四年の新潟県中越地震以来、全国社会福祉協議会により、社協と災害支援の関係者が協働運営する災害ボランティアセンターの規範作りが進められ、多くの地域でボランティアセンターの運営は、社協が中心に行っている。しかし、M氏の語りからは、実際の被災地では地域の社協職員の多くは、平時から要配慮者の支援業務を抱えており、災害時にボランティアセンターに地元社協の人員を充てることが難しいことがわかる。結果として県外から応援に駆けつけた、土地勘のない社協職員がボランティアセンターを運営することになるため、団体Xは、区社協の指示の下ではなく、むしろリードする形でボランティアセンターの立ち上げ訓練を行なっている。その考えを区社協も共有しており[5]、区社協が団体Xの活動の意義を深く理解して支援を行うという良好な関係性が保たれている。

五　考察

本章では、四章で示したM氏、J氏の語りと背景情報から、団体Xと行政、(消防署、区役所)、区社協とのそれぞれの連携についてブリンカーホフのパートナーシップモデルに照らして分析し、相互性と組織アイデンティティの変化を検討する。

(一) 行政（区役所・消防署）との連携

区役所との関係性が語られるのは①、⑦の語りである。①では、連携が成立していないが、団体設立から一四年を経た⑦では、自主的に支援活動を申し入れ、区役所職員がそれを受け入れて調査に同行した連携関係が語られた。互いの目的を相互に理解し、独立性を持って連携している事例であり、組織間の相互性も高く、組織のアイデンティティも高いレベルで認識されており、パートナーシップモデルに照らすと、第一象限「パートナーシップ」に当てはまる。

消防署との関係性が語られるのは、連携が成立していない①を除くと、⑤、⑥の語りである。団体が設立され、新たな役割として家具固定を担うことになった⑤の語りでは、名古屋市のルールと、消防署の制度運営に対する反発が示され、団体Xの組織のアイデンティティが強く表出された。現在は、依頼主の情報を受けるまでは消防署との連携で活動するが、目的や方法について消防署からの干渉はない。パートナーシップモデルに照らすと、目的や方法についての自己決定権を団体Xが保持し、自らの役割意識を実現する内容で活動を遂行できている。

しかし、関係については「丸投げ」という言葉が使われ、良好に捉えていない意識が表現され、ブリンカーホフの想定した「理想的なパートナーシップ」には当てはまらない。ここでは、良好ではない関係性のもとで、相手への異議を唱えつつ、団体がアイデンティティを強化して表出する、「パートナーシップモデル」では想定されなかった現象が確認された。

（二）区社協との関係性

区社協との関係が語られるのは、⑦、⑧である。⑦の事例では、支援活動自体は団体Xが自主的に望んで行ったものであるため、「パートナーシップモデル」に照らすと上述の通り組織のアイデンティティは高いと判定できる。また、区社協の側から見ても、「応援はいいですわ」と言うM氏の発言に対して、自組織の役割を遂行するために職員・ケアマネージャーも駆けつけていることから、組織のアイデンティティ表出は高いと評価できる。次に、相互性について、M氏の「お互いに良さを認めてる」という発言も見られるように、相互に同じ活動の場で異なる役割を果たし、お互いを補う関係性が成立していることから、相互性が高い状態と判断でき、パートナーシップモデルの第一象限に当てはまり、かつ、良好な関係性の認識も確認できるため、「理想的なパートナーシップ」の一例といえよう。

（三）団体Xの組織アイデンティティの変化

次に、②、③、④、⑤、⑥、⑧の語りから、団体Xの組織アイデンティティの変化を読み解く。
②では、M氏曰く、「何やっていいかわからない」時期に、地域住民の自主防災力を高めること、そのために自分が地域でどんな存在になるべきかを主軸に、M氏が活動を選択してきたことがわかる。そこで辿り着いたのが、③地域で「顔の見える関係を広げる」ことを重視した防災啓発の担い手となることであり、それが団体Xの最初の、特有の目的となった。④では、J氏の加入により「顔の見える関係」の解釈が広がり、地域で困っている人たちがどんな状況であるのかを知る、要配慮者の目線を経験するというところまで拡大され、⑤の家具固定

表1　団体Xの組織アイデンティティの変化

	話題	表出された組織アイデンティティ	変化
②	団体発足前	地域の自主防災力を高める活動と方法を知る	萌芽
③	設立	地域の自主防災力向上のためには地域で知人を増やし、自分たちを「防災の人」として認識してもらう「顔の見える関係を広げる」ことが重要	組織アイデンティティの確立
④	J氏加入	ボランティアの立場でも、要配慮者の状況、ニーズを知るために「顔の見える関係を広げる」ことが重要	団体目的の解釈の拡大
⑤	独自の家具固定活動の確立の強化	「あなたの身を守る」という自負心	自意識・自立性の強化
⑥	消防署との関係	命令系統には属さず、自組織の役割と価値観を保つ	自意識・自立性の強化
⑧	区社協との関係	地元が被災した時には、災害ボランティアセンター運営をリードする	主体性の強化

により、要配慮者を含む住民に対して「あなたの身を守る」活動が団体Xの平時の活動の主軸の一つに加えられていったこと、その背景には行政の示すルールへの違和感があり、自負心が強く意識されたことが語られた。さらに、⑥の消防署との関係では、命令に応じるのではなく、ボランティアとして自組織の役割や価値観を保ちながら消防署とコミュニケーションを取っていることが示された。一方、⑧では、区社協との良好な関係のもとで相互理解が進むにつれて、自組織の役割意識の変化が生じていることが語られている。その変化とは、本来、名古屋が被災した場合、区社協と各区の防災ボランティア団体は、公設民営のボランティアセンターを共同で運営する立場にあるが、文字通り共同で運営するだけでなく、団体Xがセンター運営をリードすべきだという意識変化である。

表1に一連の変化をまとめる。他組織との連携により組織アイデンティティの強化が語られたのは、⑤⑥⑧である。⑤では、行政のルールへの反発から独自の家具固定サポートのシステムを確立したこと、⑥では消防署との関係性を語る中での自組織の立場の表明であるが、⑤、

⑥いずれも消防署との関係性が良好ではないという認識を背景として、アイデンティティが強化されていた。一方で、⑧では、良好な区社協とのパートナーシップを背景に、自組織の主体意識が表出され、「パートナーシップモデル」に合致する形での組織アイデンティティ強化が確認された。

六　結論

本稿では、防災の共助の活動の基盤となる社会文化的要素を描出することを目的として、共助の担い手の、組織の設立経緯と他組織との連携活動についての語りから組織のアイデンティティを析出し、連携活動の中での他組織との関係性とアイデンティティの変化について、ブリンカーホフの「パートナーシップモデル」に照らして検討した。

検討の結果、「パートナーシップモデル」で説かれるように、平等に自己決定権を持つ高い相互性のもとで組織アイデンティティを保ちながら活動する「理想的パートナーシップ」に分類できるケースで、自組織のアイデンティティを強めることが確認できた。

一方で、相手組織が決めたルールや方法への違和感からアイデンティティを強化していく動きも確認された。尊重関係ではなく、反発を背景にアイデンティティを強化していくケースは、「パートナーシップモデル」の理想的パートナーシップには当てはまらない。しかし、「反面教師」という言葉があるように、個人においても、組織においても、むしろ関係が良好な時よりも対立が契機となり自組織の意義や役割が明確に認識されて、表出されることは特別なことではない。M氏は活動開始当初、団体創設を地域の行政機関から歓迎されなかったが、他者に役割を期待されない中、自らの役割を模索しながら団体Xとしてのアイデンティティを形成し、対立や葛藤を経験して地域での役割や目的を拡大してきた。本稿は、団体XのM氏、J氏の語りを分析対象とすることで、理想的な連携関係のみならず、対立や葛藤を軸に組織アイデンティティを強化する具体的事例を示し、今後、こうした事例をさらに検討し、「パートナーシップモデル」を修正する必要性を提示した。

しかし、本稿には次の課題も残る。一つは、設立者及び代表の語りを組織のアイデンティティを示すものとして扱っている点である。この事例では、団体Xにおいては、M氏、J氏のリーダーシップが強く、両氏の意向が活動に直接反映されることから適切であると判断したが、団体の成員間の関係性により、代表的な成員の語りを組織のアイデンティティとみなすことが適切ではないケースもあることに留意する必要がある。また、本稿は、過去の事実に対する当事者の解釈のみを分析対象としており、関係性や活動の評価が一方の視点に偏っている点も課題として記しておかなければならない。

しかし、団体Xが、現在は区役所との設立前の葛藤を乗り越え、連携して活動していることは重要な事実である。これまで、被災地支援における課題としては地域に他者が介入する不安から生ずる支援団体の対立や葛藤が、挙げられてきた。これに対して、本稿は、地域住民であっても防災活動に参入することに対して既存組織からの抵抗に遭遇すること、そして、それを乗り越えるために、地域で顔の見える関係を広げ、既存組織の役割と地域での支援の不足を理解して、それを補う活動を重ねることが、行政との連携の鍵になると当事者が理解していることを描出することができた。

災害支援ボランティアについては、阪神大震災以来、他の地域から被災地に駆けつける姿がクローズアップされてきた。しかし、二〇二〇年から約三年に渡った新型コロナウィルス禍の影響で、広域移動制限下での災害支援の在り方が問われるようになり、地域の共助力、自主防災力の強化がますます重要視されるようになっている。こうした中、住民に最も近い立場で地域防災の共助を担う団体Xの掲げる目的の一つ、平時から地域で「顔の見える関係を広げる」ことについての彼らの二つの解釈は、現在の共助を担うために核となる社会文化的要素と言えよう。被災時に災害支援のスキルに長けたボランティア、NPOはもちろん大きな力になる。しかし、それ以前に、地域の中でお互いに顔を知る人々が共に防災を考え、語ることのできる関係を作っておくことが、地域の防災力を高めるためにも、非常時に他者の支援を有効に活かしていくためにも欠かせない文化基盤となるのである。

註

（1）自主防災組織が活動範囲とする地域の世帯数を各都道府県の世帯数で除したもの。

（2）ブリンカーホフは「パートナーシップモデル」により、行為者間の相互性、組織のアイデンティティの維持の程度を相対的な尺度で区別することを意図した（Brinkerhoff 2002:24）。

（3）東日本大震災における、組織間連携の不足への反省から企画された支援者の連携会議「熊本地震・支援団体火の国会議」。参加資格は設けられず、「支援者（当事者含む）」であれば自発的に誰でも参加可能で、かつオープンな場であった。初回には、内閣府、厚生労働省、熊本県、ＪＶＯＡＤ、ＮＰＯくまもとも含めて、二四団体が集った。現在は、くまもと災害ボランティア団体ネットワーク（KVOAD）により運営されている（栗田二〇一七：一四二）。

（4）名古屋市の事業名は「家具転倒防止事業派遣ボランティア」であるが、団体Ｘと区社協はＸ区で行うこの事業を「家具固定」と呼ぶ。

（5）筆者が行ったＸ区社協事務局次長へのインタビューにおいて、他区で生じた大規模水害時にＲＳＹと災害ボランティアセンターを立ち上げ協働した経験について尋ねた際、次のように同様の認識が語られた。

　事務局次長：区社協の方だと現場見ながら、特に水害時なんかだと、通常のほかの事業が普通に動いている中で、十人ぐらいの職員を（災害ボランティアセンターに）手配しながら、さらに人の搬送もやってっていうことを考えると、もう全然その人材も足りなければ、物も。

（二〇二一年一〇月二六日 Ｘ区社会福祉協議会で聴取）

引用文献

Brinkerhoff, J. M. (2002). Government–nonprofit partnership: a defining framework. Public Administration and Development: *The International Journal of Management Research and Practice*, 22(1), 19–30.

Gazley, B., & Guo, C. (2020). What do we know about nonprofit collaboration? A systematic review of the literature. *Nonprofit Management and Leadership*, 31(2), 211–232.

Guenther, K. M. (2010). The strength of weak coalitions: Transregional feminist coalitions in Eastern Germany.,pp119–139 in *Strategic alliances: Coalition building and social movements*, edited by Van Dyke, N., & McCammon, H. J.

Van Dyke, N., & McCammon, H. J. (2010). *Strategic alliances: Coalition building and social movements.*. U of Minnesota Press.

栗田暢之（二〇一七）「熊本地震におけるＮＰＯ・ボランティ

アの活動と課題」、一般社団法人消防防災科学センター『地域防災データ総覧：平成28年熊本地震編』、一四一－一四九頁。

消防庁（二〇二〇）「令和二年度消防白書」

内閣府（二〇一四）「平成二六年版防災白書」

内閣府防災担当（二〇一二）「防災ボランティア活動に関する論点集～東日本大震災におけるボランティア活動を踏まえて～」

https://www.bousai.go.jp/kyoiku/bousai-vol/product/ronten_h24.pdf
（二〇二三年九月三〇日最終閲覧）

藤田研二郎、富永京子、原田峻（二〇一四）「社会運動の連携研究におけるモデル構築の試み『戦略的連携――連携形成と社会運動』を手がかりに」、『書評ソシオロゴス』一〇(一)、一－二六頁。

■特集　生活実践に根差した政策と社会文化

〔寄稿〕

コンフリクトの実態と課題

野村恭代

一．苦情行為とコンフリクト

（一）コンフリクトとは

コンフリクトとは、自分および自分以外の人や団体等との対立、葛藤、摩擦、紛争などを表す言葉であり、これらすべての意味を含む概念である。原則的には二者間以上の間で生じ、両者の目標とする方向が異なっている状況で、両者がそれぞれの目標を追求しようとするときに生じる。ただ、実際にはコンフリクトは個人内の対立状態（葛藤状態）として起こる場合もある。たとえば、「ダイエットをしているがケーキを食べたい」「あと五分寝たいがすぐに起きないと遅刻する」といった、日常的に自分の内で生じ、自分自身で解決しているものもコンフリクトのひとつである。

また、コンフリクトは集団間で生じるもの（対立、紛争）もあり、ミクロからマクロまでさまざまなレベルで発生すると考えられている。そして、これらの状態が生じているだけではコンフリクトは成立せず、それが当事者に知覚されていることも重要な要素になる。

日本人は穏便にものごとを進めることをよしとする傾向が強いため、これまでコンフリクトは避けるべきものであるとみなす傾向にあった。しかし、近年は異なる様相を呈している。さまざまな場面でコンフリクトは苦情や不満等といったかたちで表出され、適切な対応が取れないことにより紛争にまで発展するケースも少なくない。国民生活センターへの相談件数を見てみると、一九八八年度に一五万一七八四件であった相談件数は、二〇二〇年度には九三万九三四三件となっており、約三〇年の間に六倍の件数となっている。

欧米諸国では、コンフリクトは関係性や状況を前進させるよい機会であると捉えられてきた。フィッシャーら（Fisher, Ludin, Williams, Abdi & Smith）は、コンフリクトの存在そのものを否定するのではなく、問題はコンフリクトが抑圧されたときに生じるのであって、コンフリクト自体は関係づくりのきっかけとなり、そのマネジメントの仕方によっては、人間の発達を促進する可能性があることを指摘している。R・リッカートとJ・G・リッカート（R. Likert and J. G. Likert）は、コンフリクトから見た社会システムのレベルを四段階に想定し、レベル4に近づくにつれ成熟した社会であると述べている。つまり、ある社会システムが構造や社会的相互作用において社会的に成熟する（システム4）につれ、コンフリクトが建設的に解決される確率は高くなる。そして、成熟した社会ではコンフリクトが合意形成に至った後も、友好的、協力的な関係のもとでさらなる努力がなされることが明らかになっている。

（二）苦情とクレーム

ここで、コンフリクト発生のきっかけとなり得る苦情とクレームを明確に分けておきたい。池内（二〇一〇）によると、苦情（complaint）は「不快感や不信感といった負の感情の処理に関する要求」であり、クレーム（claim）は「消費者や顧客の不満に基づく企業側に対する何らかの要求行為」である。苦情の前提条件は「商品やサービスに対する何らかの不満足経験」である。オリバー（Oliver 1980）は、商品・サービスの品質、性能、補償などが消費者が考えていたものと相違がある場合、その差が不満の発生原因になることを明らかにし、消費者が購入前に抱いていた商品・サービスに対する期待の大きさと、実際に使用・消費することによって得られた成果とを比較した結果、成果が事前の期待を上回れば満足につながり、下回れば不満足につながると指摘する。

しかし、不満足を経験した誰もが必ずしも苦情を表明するとは限らない。この違いについて、黒岩（二〇〇四）は、苦情行動の生起を説明する変数として、「状況変数」「苦情対象変数」「売り手変数」「買い手変数」の四つを挙げている。「状況変数」は、競争市場に比べて寡占市場ではブランドスイッチ（購入するブランドの変更や変化）の起こる可能性が低いため、苦情行動が生じやすい。「苦情対象変数」は、「高価である」「自分で修理するのが困難」など、問題の重要性が比較的高い場合、苦情発生率が高くなる。「売り手変数」は、苦情対応の評判や品質が高い企業に対し、消費者は苦情を表出する傾向にあるとされる。「買い手変数」は、人口統計学的要因では高収入な中年世代、心理的要因では自信のある人や自己主張の強い人、社会的孤独感が強い人、苦情状況を効果的にコントロールできると考えている人などが苦情行動を起こしやすいとされる。

これらの変数にたとえば医療サービスをあてはめて考えてみると、苦情対象変数において苦情発生率は高くなると想定され、売り手変数においては、いわゆる評判の高い医療機関において苦情発生率は高くなると考えられる。つまり、医療行為が期待外れであるほど不満の程度は大きくなり、不満の源泉には、医療行為への期待と成果の差が強く関係すると考えられる。

二．合意形成のためのコミュニケーション手法

（一）リスクコミュニケーションとは

コンフリクトを合意形成へと導くための方法のひとつに、「リスクコミュニケーション」を援用したコミュニケーション手法がある。そもそもリスクコミュニケーションは、一九七〇年代初めに米国で生まれた言葉である。米国では、一九八〇年にリスク学会（SRA：the Society for Risk Analysis）が設立され、さまざまな領域でリスクに関し言及されるようになった。そして、その定義は社会が直面するリスク問題や関係者の考え方などにより、時代とともに変化してきた。現代のリスクコミュニケーションは、とりわけ安全や環境などにおける懸念に対する議論の相互作用プロセスであると認識されている。一九八九年にNational Research Council（NRC）が示したリスクコミュニケーションの定義は、「個人とグループそして組織の間で情報や意見を交換する相互作用過程である」というもので、そこには二種類のメッセージが含まれている。ひとつは、人が自分にとって何らかの「リスク」であると認識するものの性質に関するメッ

セージ（risk message）であり、もうひとつは、リスク管理のための法律や制度の整備に対する関心、意見、および反応を表現するメッセージである。

（二）リスクコミュニケーション手法

リスクコミュニケーションの理念を手法として展開する際の原則として、日本リスク研究学会は、①市民団体や地域住民などを正当なパートナーとして受け入れて連携すること、②コミュニケーション方法を注意深く立案し、そのプロセスを評価すること、③人々の声に耳を傾けること、④正直、率直、オープンになること、⑤多くの信頼できる人々や機関と協調、協議すること、⑥マスメディアの要望を理解してそれに応えること、⑦相手の気持ちを受け止め、明瞭に話すことの七点を挙げている。日本リスク研究学会以外にも、さまざまな研究者がリスクコミュニケーションの原則について述べているが、それらに共通する点を要約すると、「手続きの公正さ」と「発信機会の担保」である。また、筆者はリスクコミュニケーションを行うことの最終目的を、コンフリクト状態にある両者の「信頼」を構築することであると考えている。

要素	具体的手法
地域住民との関係	正当なパートナーとして受け入れ、連携する
コミュニケーション方法	注意深く立案し、そのプロセスを評価する
意見交換	まずは住民の声に耳を傾ける
基本的な姿勢	正直、率直、オープンな対応を遵守する
連携	多くの信頼できる人々や機関と協調、協議する
マスメディア	積極的にマスメディアを活用する
話し方	相手の気持ちを受け止め、明瞭に話す
窓口	問題に対する窓口がわかりやすいよう一本化する
見学会	先進的な施設等に見学に行く
対話の場	相手を説得するのではなく、情報共有の場と捉える

図1　リスクコミュニケーション手法の要素と手法（筆者作成）

そのため、リスクコミュニケーションでは、一人ひとりの思考を最大限に活かした「本音の対話」が行えるよう配慮しなければならない。リスコミュニケーションの本質的な特徴の一つは、認識主体（活動主体）である個々人に固有な主観性を排除しないことにある。個人の主観的な認識や判断は、他者のそれとは当然異なるものである。それを尊重することによって、リスクセンサーの多様性は保たれるのである。

図1は、上記の原則を踏まえ、リスクコミュニケーションを具体的な手法として活用するための要素と具体的方法を示したものである。合意形成を目的としたリスクコミュニケーション手法の具体的な要素は、①地域住民との関係性、②コミュニケーションの方法、③意見交換、④基本的な姿勢、⑤連携、⑥マスメディアの活用、⑦話し方、⑧窓口、⑨見学会の実施、⑩対話の場、の一〇要素である。これらひとつの要素を満たしていればよいというものではなく、すべての要素を意識的・意図的に活用しながら対話を進めていくなかで、相互の関係性を構築するというプロセスそのものが重要になる。

三．医療をめぐるコンフリクト対応の課題

（一）日本における医療メディエーターの課題

日本における医療（医療行為）をめぐるコンフリクトに対しては、医療事故発生後の医療者側の誠実な説明の過程を当事者間で共有することを目的とするモデルとして、「医療メディエーション」が提示されている。二〇〇五年からは、日本医療機能評価機構による医療メディエーター養成研修が開始された。医療メディエーションは、患者側と医療者側の対話を支援する関係調整モデルである。

日本における医療メディエーターは、第三者機関に所属する専門職ではなく、ほとんどの場合、当事者である病院の職員がその役割を担っている。本来、仲介者としての役割を果たすメディエーターは、客観的に物事を捉え判断することができるよう、第三者の立場にある者が務めるべきであり、病院に所属する職員はメディエーターにはなり得ない。現行の日本のメディエーターのあり方では、誰のためのメディエーターかわからず、結局、医療側に配慮した制度であると捉えられてもおかしく

ない。

（二）信頼関係を醸成するコミュニケーションスキル

一方、すべての医療関係者がメディエーターの有する「スキル」を身に着けることは、医療コンフリクトを未然に防ぐためには有効であると考えられる。そして何よりも、人を対象とする専門職としてのコミュニケーションスキルを身に着けることが重要である。なぜなら、医療事故発生時、患者・家族の側は、医療行為がガイドラインに沿って実施されていたかどうかよりも、まずは医療行為で傷つけられた、あるいは侵害されたと感じていることから生じる苦情や疑義に対する医療側の説明を求めるからである。この傷つけられたあるいは侵害された対象には、ふたつの側面がある。ひとつは、具体的な患者の身体に対する影響であり、ふたつめは医療者（医療）に対する信頼である。ひとつめについては、技術及びケアのレベルに依拠するものであるが、ふたつめはコミュニケーション手法をもちいることで事前に回避できるものであり、信頼関係の醸成を目的とするコミュニケーション手法として、リスクコミュニケーションを手法として用いることは有効であると考えられる。

このふたつの側面のうち、コンフリクトにおいて重要なものはふたつめの信頼である。たとえ身体的なレベルで医療行為の結果がよいものではなかったとしても、医療関係者との信頼が揺るがない場合には、コンフリクトには発展しないものと考えられる。そのため、医療行為の提供者は、医療コンフリクトを予防するために身体的に無用な侵襲・侵害をしないよう努めることのみならず、患者・家族との信頼関係の醸成に配慮することが大切である。

医療提供者の「インフォームド・コンセントでリスクを説明し、治療への同意として本人及び家族から署名（サイン）をもらっている＝医療事故があっても問題ない」との発想は、従来型の医療コンフリクト対応、すなわちガイドラインへの侵害（治療への意思決定ガイドライン）に重点を置いた発想であり、信頼関係を基盤としたコンフリクト対応ではない。まずは患者やその家族が同意書に署名（サイン）すること＝医療提供者への信頼、ではないことを前提に、医療場面におけるコンフリクト・マネジメントを思考しなければならない。

(三)すべての対人職に求められるスキルとは

石原(二〇二一)によると、医療者(特に医師など直接的に医療行為を提供する専門職)は、統計的真実、科学的真実、客観的真実、普遍的真実を根拠として患者・家族に説明する訓練は受けているが、患者や家族が知りたいのは、個別的真実、感情的真実、主観的真実、具体的真実である。石原のこの指摘からすると、医療者側と患者・家族側との対話の場面では、両者の対話目的が異なっていることから、コンフリクトが発生してしまうことがわかる。

現行の医療メディエーションは、医療事故発生後の事後対応であって、本来医療者に求められるものは、患者・家族との間に新たな関係性を構築することを念頭においた事前予防型のコンフリクト・マネジメントスキルである。そのためには、まず医療者は信頼の構築を念頭においたコミュニケーション手法を、対人職に求められる基本的スキルとして身につけることが重要である。また、先述したとおり、本来メディエーターは第三者であることに意味があるのであり、現行の日本における医療メディエーターは内部の人間が担っていることから、当然限界があることを認識しなければならない。

医師を含む医療関係者は、基本的にはすべての職種が対人職であり、医療行為を提供することで対価を得ていることから、一般的な顧客対応と基本部分は同様であるはずである。医療行為だからといって、その点に特権があるのではなく、業務として医療行為を担っている以上、病院に訪れる人は病を抱える患者であると同時に顧客であり、また医療行為の消費者でもあることを忘れてはならない。そして何よりも、医療行為を提供する専門職がリスクコミュニケーション手法を身につけることは、医療コンフリクトの予防において効果的であると考えられる。

四.施設コンフリクト

(一)施設コンフリクトとは

前章まではコンフリクトについて述べてきた。本章では、コンフリクトのなかでも施設を対象とした、施設コンフリクトを取り上げる。施設コンフリクトとは、「施設とその周辺住民との間で発生し、施設とその周辺住民との目標に相違があり、それが表出していることにより、当事者がその事態を知覚している状態」である（野村二〇一三）。

施設コンフリクトは、しばしば障害者が利用する施設や事業所を対象に発生する。施設や事業所の建設や運営に対する地域住民のコンフリクトは、障害者が地域生活を送る上での代表的な障壁の一つであり、障害者の地域移行・地域定着を進め、あらゆる人が地域であたりまえに暮らすことのできるまちをつくるためには、施設・事業所へのコンフリクトを一つひとつ丁寧に解決していかなければならない。

また、近年では、保育所に対する地域住民からのコンフリクトも全国各地で発生している状況にある。多くの住民は、保育所を利用する対象者（子ども）がどのような存在であるかを知っているし、またその特性を理解している。そのため、保育所建設への反対の主な理由は、「子どもの声がうるさい」「送迎の際の話し声等が気になる」など、「対象者による行為」である場合が多い。保育所側の反対する住民への対応では、「丁寧に説明し理解を求めるしかない」との意見が多く、担当者からは「開園後も三ヵ月は園長が門に立って挨拶し、近隣と良好な関係を築くことが必要」との声も聞かれる。また、保育所の着工までに近隣住民に説明をしなかったために、地域住民と揉めたという事例もみられる。このような反対理由は、たとえば障害者施設などへの反対理由としてよくみられる「説明がなかった」という「手続き論」や事故への不安などとあまり違いはない。そのため、合意形成のあり方も、住民側の要望に応じて計画を変更する、開設場所を変えるなど、従来の障害者施設の合意形成の方法と類似している。

なお、ごみ処理場や火葬場などの、いわゆる「迷惑施設」と呼ばれる公共施設に対しても、施設コンフリクトは発生する。先述した障害者施設、保育所と公共施設との違いは、公共施設の多くは、地域で生活するほぼすべての住民が利用する施設である、という点である。障害者施設や保育所は、基本的には、施設利用の対象となる人がいる場合に利用する施設であるが、たとえばごみ処理場を例にあげると、生活するうえでの生活ごみは、地域のごみ処理場で処理することになることから、私たち市民は日々ごみ処理場を利用していることになる。この

表1　身体障害者施設（数字は%を示す）

あなたは身体障害者施設・事業所等が自宅の隣に建設されることについてどのように思いますか	日本	スウェーデン	アメリカ	中国	インド	イギリス	台湾
賛成する	33.4	62.5	52.2	65.1	69.6	46.5	47.3
反対する	15.7	9.8	13.4	9.9	11.8	12.7	5.8
どちらともいえない	50.9	27.7	34.4	25	18.6	40.8	46.8

表2　知的障害者施設（数字は%を示す）

あなたは知的障害者施設・事業所等が自宅の隣に建設されることについてどのように思いますか	日本	スウェーデン	アメリカ	中国	インド	イギリス	台湾
賛成する	28.3	54.7	54.6	56	71.3	49.7	39.5
反対する	22	16.1	11.8	16.4	9.2	9.2	11.7
どちらともいえない	49.7	29.1	33.6	27.7	19.4	41.1	48.9

表3　精神障害者施設（数字は%を示す）

あなたは精神障害者施設・事業所等が自宅の隣に建設されることについてどのように思いますか	日本	スウェーデン	アメリカ	中国	インド	イギリス	台湾
賛成する	22.6	44.6	45.4	28.7	61.6	42.9	25.7
反対する	32.3	24.4	21.2	50.4	17.5	16.9	35.8
どちらともいえない	45.1	31.1	33.4	20.9	20.9	40.2	38.4

ように、公共施設は、原則的にはすべての住民が利用するにもかかわらず、それが自宅の近隣に建設されるとなると、反対運動が起こるのである。これは、"NIMBY (Not in my back yard／施設の必要性は認めるものの、自宅の近くにはつくらないでほしい)" の思想に基づくものだと考えられる。

（二）障害者施設をめぐるコンフリクトの実態

障害者施設に対するコンフリクトは、「施設利用者のことがわからない」「理解できない」ことから生じるものであり、反対の理由は「対象者そのもの」への忌避感であることが多い。

筆者は、二〇二一年八月～九月にかけて、日本、スウェーデン、アメリカ、中国、インド、イギリス、台湾を対象に、一〇代～六〇代の計四〇九五名（日本五七二名、スウェーデン五七〇名、アメリカ五七五名、中国五九三名、インド六二八名、イギリス五七四名、台湾五八三名）に市民意識調査を実施した。

表1・2・3は、障害種別ごとに施設ができることに対する意識を尋ねた結果を示したものである。（数字は%

を示す）

それぞれの施設・事業所が自宅の隣に建設される場合、反対する割合は、身体障害者一五・七％、知的障害者二二％、精神障害者三二・三％であり、目に見えない障害に対する拒否感が強いことが推察される。表4・5・6は、それぞれの施設に「反対する」と回答した人に対し、反対理由について回答を求めた結果を示したものである。すべてにおいて「障害者施設及び施設利用者への危険視や不安」と「治安上の不安」が多く、次に「住環境の悪化」が続く。

五. 差別の構造

なぜ人は、障害や障害者に対して忌避感を抱くのだろうか。このような忌避感が生じる背景には、さまざまな生活のしづらさのある人との日常的な接点のなさがある。表7は、日常における障害者とのかかわりについて尋ねた結果を示したものである。「友人・知人に障害者がいる」「近隣または身近な場所に障害者がいる」「職場に障害者がいる」の割合は日本が最も低く、一方「これまでに（障害者と）かかわったことはない」の割合は日本のみ五割を超えており最も高い割合である。このことからは、日本では家族・親族以外の障害のある人と、普段から当たり前に接点を持つことが難しい環境であることがわかる。

また、差別構造を生む背景には、特定の人々をカテゴリー化し、地域社会とのかかわりを断絶するような制度・政策の影響もある。多くの人はカテゴリー化された人々を「特別な存在」として認識する。その差別構造は、Ⅰ差別の生じる要因、Ⅱ差別の社会圏域、から分析することができる。

ここで水俣病患者をめぐる差別を例にあげると、Ⅰの差別の生じる要因には、

①個人の側の要因：病から生じる痙攣や麻痺などの症状（奇病としての認識）

②社会の側の要因：

・多くの人にとって理解できない症状を呈するため、その対象から距離を取ろうとする

・水俣病の原因となった企業は、水俣市の有する唯一の大企業である（企業城下町）

表4　身体障害者施設・事業所建設への反対理由（小数点以下、四捨五入）

身体障害者施設・事業所等が自宅の隣に建設されることについて反対する理由	日本	スウェーデン	アメリカ	中国	インド	イギリス	台湾
障害者施設及び施設利用者への危険視や不安	57%	11%	35%	41%	46%	25%	35%
治安上の不安	43%	23%	30%	32%	47%	18%	32%
住環境の悪化	40%	39%	22%	20%	28%	23%	29%
町のイメージダウンにつながる	27%	21%	18%	12%	27%	21%	24%
不動産価値が下がる	14%	38%	31%	14%	23%	19%	32%
事前了解をとっていない	24%	21%	17%	39%	32%	15%	41%
説明などの手続きが不十分	30%	14%	20%	15%	38%	29%	38%
その他	11%	39%	23%	7%	8%	25%	9%

表5　知的障害者施設・事業所建設への反対理由（小数点以下、四捨五入）

知的障害者施設・事業所等が自宅の隣に建設されることについて反対する理由	日本	スウェーデン	アメリカ	中国	インド	イギリス	台湾
障害者施設及び施設利用者への危険視や不安	62%	17%	35%	46%	40%	34%	54%
治安上の不安	46%	49%	38%	33%	41%	40%	37%
住環境の悪化	38%	36%	31%	27%	43%	32%	29%
町のイメージダウンにつながる	18%	15%	24%	27%	26%	25%	24%
不動産価値が下がる	18%	35%	38%	24%	21%	34%	34%
事前了解をとっていない	27%	12%	25%	26%	24%	28%	37%
説明などの手続きが不十分	31%	21%	27%	17%	35%	32%	31%
その他	8%	23%	22%	6%	7%	32%	6%

表6　精神障害者施設・事業所建設への反対理由（小数点以下、四捨五入）

精神障害者施設・事業所等が居住する生活圏内に建設されることについて反対する理由	日本	スウェーデン	アメリカ	中国	インド	イギリス	台湾
障害者施設及び施設利用者への危険視や不安	66%	51%	44%	52%	51%	38%	61%
治安上の不安	68%	61%	64%	64%	48%	42%	53%
住環境の悪化	43%	41%	30%	33%	22%	22%	30%
町のイメージダウンにつながる	22%	21%	24%	27%	17%	17%	13%
不動産価値が下がる	21%	31%	32%	20%	16%	24%	16%
事前了解をとっていない	19%	12%	25%	24%	18%	15%	22%
説明などの手続きが不十分	27%	14%	29%	17%	28%	31%	18%
その他	4%	16%	9%	4%	6%	10%	2%

表7　障害者とのかかわり

障害者の方との関わり	日本	スウェーデン	アメリカ	中国	インド	イギリス	台湾
当事者または家族	10.3%	14.4%	31.1%	5.1%	25.5%	19.2%	15.1%
親族に障害者がいる	9.3%	22.1%	28.7%	17.4%	30.3%	17.9%	18.4%
友人・知人に障害者がいる	13.6%	27.2%	25.4%	20.6%	27.4%	18.5%	22.1%
近隣または身近な場所に障害者がいる	8.7%	24.4%	22.3%	28.3%	31.7%	15.0%	16.0%
ボランティア等の活動で出会ったことがある	11.5%	13.2%	11.5%	32.9%	22.3%	7.1%	16.0%
職場に障害者がいる	7.2%	15.6%	11.1%	10.5%	11.3%	12.2%	17.5%

・企業城下町として、当該企業に関係する市民が多く、企業の影響で人口も増加するなど、市として企業からの影響を受けている
・猫や鳥の奇妙な死の多発
・大学による原因究明結果と他科学者による究明結果との相違
・高度経済成長期に発生
③不適切な対応：
・当初、伝染病としての対応を行っていた（市）
・「食品衛生法」の不適用（国・現厚生労働省）
・一九五九年一〇月、食品衛生調査会水俣食中毒部会による「有機水銀中毒説」を聞き入れずに、同部会を解散（現厚生労働省）
・公害認定の遅れ（水俣病の公式確認年である一九五六年五月一日から一二年後の一九六八年九月二六日に公害認定）
・「水俣病」という呼称
・裁判の長期化
・政治家、官僚による患者への非難

の三つの要因が含まれる。これらの要因が重なりあうことにより差別は形成されていくが、③の不適切な対応は人によって生み出された差別要因であり、その責任は重い。また、不適切な対応によって助長された差別である以上、国や地方公共団体はそれを解消する責務を伴う。

Ⅱの差別の社会圏域は、
①近隣圏域：症状の奇異さを目の当たりにすることからくる「伝染するのではないか」という恐怖心、不安感による対象者への拒絶、拒否反応
②自治体圏域：
・地域最大企業である当該企業の関係者が多いことから、企業を病の発生原因とすることの否定（と企業を守りたいという思い）
・水俣病のために魚介類が売れなくなっては困る地元漁師の存在
・地域コンフリクトの発生（患者及び支援団体と他市民との分断）
③国：
・「水俣病」という呼称からくる水俣市への負のイメージ
・水俣市及び水俣市民への偏見

・報道される症状の奇異さによる病そのものへの偏見といった差別の圏域に整理される。差別の広がりとその原因は圏域により相違があるため、啓発は一辺倒のものではなく圏域と対象に応じた内容を立案し実施する必要がある。

このような複雑な構造を伴い構築される差別感情を表出させるか否かは人によって異なるが、国の誤った政策は差別意識を行動として表出することを後押しすることにつながる。つまり、意図せず差別を助長する制度・政策もあり、それゆえに差別は根強く残り続けるのである。

また、表面的な差別意識を根絶しようとすることは、差別意識から目をそらし都合の悪い問題を別の問題にすり替えることに他ならない。一人ひとりが自身の差別意識から目をそらさず向き合うことは、包摂文化創出への方策を生み出すことになり、地域社会や人々が差別意識を有することを認めながら、それを抑制する社会を構築し、真に共生する社会を創造することを志向することが求められている。国や地方公共団体は、「表面的」な施策ではなく、真の共生のために必要な施策を福祉・教育・その他関連する分野の連携のもとで立案しなければならない。そのためにはまず、差別を新たな観点から分析することが必要となる。人が差別意識を抱くことを否定することを趣旨とする啓発を表面的に立案するのではなく、どのような集団やカテゴリーに対して、どういった認識変化が生じるのかを明らかにすることで、対象による差別意識発出の相違点を解明し、そのうえで差別が分断やコンフリクトとして現象化する構造を分析することにより差別を抑止する方策を追究しなければならない。

【文献】

荒神裕之・和田仁孝「医療メディエーション」『日本内科学会雑誌』第一〇一巻第八号、二三六〇‐二三六六頁、二〇一二年

遠藤邦夫『資料から学ぶ水俣病—水俣病事件の基礎資料15タイトル』一般社団法人水俣病センター相思社、二〇一六年

藤本学・大坊郁夫「コミュニケーション・スキルに関する諸因子の階層構造への統合の試み」『パーソナリティ研究』第一五巻第三号、三四七‐三六一頁、二〇〇七年

服部啓子「医療現場の苦情・トラブルと暴力—病院の苦情対応記録にみる現状」『ストレス科学』第二四巻四号、二五四‐二六〇頁、二〇一〇年

池田理知子『『日常的差別』に関する一考察―水俣病資料館のある「語り部」の講話から」『Japanese Journal of Communication Studies』Vol.42, pp.15-30, 2014
池内裕美「苦情行動の心理的メカニズム」『社会心理学研究』第二五号第三号、一八八―一九八頁、二〇一〇年
今野浩一「患者の声を聴くコミュニケーションスキル」『ファルマシア』第五六巻二号、一三四―一三六頁、二〇二〇年
一般社団法人水俣病センター相思社『図解水俣病―水俣病歴史考証館展示図録』二〇二一年
一般社団法人水俣病センター相思社『ごんずい』一五六号、二〇二〇年
一般社団法人水俣病を語り継ぐ会『水俣病３つの責任』二〇一六年
石原明子「医療コンフリクト解決への修復的正義の応用に関する理論的検討」『Kumamoto Law Review』第一五三号、一―四二頁、二〇二一年
近藤鉄浩「福祉サービスの苦情解決について」『宇部フロンティア大学紀要・年報』第一巻、六五―六九頁、二〇二一年
釘宮悦子「苦情対応におけるポジティブ効果のコミュニケーションとネガティブ効果のコミュニケーション―ＮＡＣＳ消費者対応研究会での調査結果から」『消費生活研究』第一三巻一号、九―一六頁、二〇一一年
黒岩健一郎「苦情行動研究の現状と課題」『武蔵大学論集』第五二巻一号、一―一六頁、二〇〇四年
水俣病歴史考証館「水俣病年表」二〇二一年
日本リスク研究学会『リスク学辞典』ＴＢＳブリタニカ、二〇〇〇年
新潟水俣病教師用指導資料作成委員会『未来へ語りついで～新潟水俣病が教えてくれたもの～（第４版）』新潟県、二〇二一年
新潟水俣病資料館『令和３年度事業実施報告』二〇二一年
新潟水俣病出版事業編集協議会『新潟水俣病のあらまし〈令和元年度改訂〉』新潟県、二〇二〇年
野村恭代『施設コンフリクト―対立から合意形成へのマネジメント』幻冬舎、二〇一八年
野村恭代「信頼社会の構築へ―合意形成のためのリスクコミュニケーション手法」『TASC MONTHLY』四五七号、六―一二頁、二〇一四年
野村恭代『精神障害者施設におけるコンフリクト・マネジメントの手法と実践―地域住民との合意形成に向けて』明石書店、二〇一三年
Oliver, R. L., A cognitive model of the antecedents and consequences of satisfaction decisions, *Journal of Marketing Research*, vol.17, pp.460-469, 1980

■論文

農外就業にみるエスニック・アイデンティティ維持のメカニズム
――中国雲南省鶴慶県のペー族1村落の事例

雨森直也

一．問題の所在

本稿は中国雲南省大理ペー族自治州（以下、大理州と記述する）鶴慶県に居住する少数民族であるペー族の1村落を事例として、彼らのエスニック・アイデンティティ(1)と彼らの生業構造、とりわけ農外就業(2)の関係性に着目する。

これまでエスニック・マイノリティによるエスニック・アイデンティティが高まる現象は、観光や教育、宗教など多くの事例から明らかにされてきた（江口一九九四、呂二〇一七、古賀二〇一八など）。

その一方で、少数民族の人びとの生業の様態、とりわけ現代的な状況に適応する形で生計を立てるために選択されている就業の様態と、エスニック・アイデンティティとの関係性は一見すると、エスニック・アイデンティティとの関係性が観察されないためか、ほとんど取り上げられることがなかった。

わずかな先行研究では、カナダ南東部のカワナク保留地に住むネイティブ・アメリカンであるモホーク人の研究があげられる［Mitchell 1960［1949］: 3-36］。モホーク人は一八世紀中ごろ以降、セントローセンス川を利用した危険な就業に就いてきたが、二〇世紀になると、ニューヨークなどのアメリカの大都市において、高層ビルや橋梁の建設現場において高所での危険なリベット留めの就業を数多く行ってきた。彼らはそうした危険な仕事に従事することに誇りを持つとともに、その危険な仕事から高給を得て、「勇気を示す」ことによって、彼らのコミュニティからも尊敬された。彼らにとって、「勇気を示す」ことができる就業こそがエスニック・アイデンティティを強化することであった[3]。

他方で、現代化がもたらすエスニック・アイデンティティへの影響を論じた研究は少なくない。例えば、タイ北部のアカ族の事例では、観光に力を入れる村ほど伝統的な要素を残そうとしており、その一方で建築物の現代化の割合は都市近郊の村ほど進み、タイ社会との同化が進んでいた(早川・伊藤・Burgess 二〇二〇)。

中国少数民族に関する研究では、郝（二〇〇九）が中国の少数民族の現代化の影響を概説し、現代化にともなって、それまでの閉鎖的な村落が外部からの影響を受け、民族文化が影響を受けていることを指摘した。馬（二〇一〇）は中国海南省の回族村落を事例として、改革開放以降の急激な変化によって、回族村落社会は大きな影響を受けたが、住民はイスラム教の実践をさらに重視することで、外部からの変化を乗り越えようとしていた。つまり、改革開放政策による大きな変化が少数民族社会に大きな影響を与えていることが示されてきた。しかし、そうした現代化や都市化の研究における生業や生活構造の変化に関する研究がある一方で、エスニック・アイデンティティとの関連性に着目した研究は、ほとんど見られなかった。

そこで本稿の雲南省のペー族の事例では、「自給的農業と技術を用いた農外就業との組合せ」という特徴的な生業を形成している。彼らはそうした組み合わせによる生業を何世代にわたって継承することで、漢族への同調圧力の強い中国社会において、一定のエスニック・アイデンティティを維持していることは注目に値する。本稿はペー族の一村落の事例から、彼らの生業とりわけ農外就業との関わりでエスニック・アイデンティティがどのように維持されてきたのか、その具体的な過程を明らかにしながら、エスニック・アイデンティティ維持の基本的条件に考察を加える[4]。また、本稿は雨森（二〇二三）で残された課題であった農外就業の文化的背景を検討するものである。

主要な調査は、少数民族の一つであるペー族の村落(X村）の住民を対象としておこなった。ゼロコロナ政策の規制にたびたびあいながらも、二〇二三年五－六月におこない、二〇二一年六月に補充の聞き取り調査を行った。二〇二一年には、各戸訪問による聞き取り調査を実施し、X村の四五七世帯のうち、三五四世帯から六二一人分の回答をえた。聞き取り内容は農業従事者の有無、各世帯の農外就業の人数、農外就業者の大卒の有無、職業、就業地、就業形態（自営・被雇用・経営）（被雇用者にはオーナーの出身地と民族、経営者には従業員のペー族の多少、主な出身地を聞いた。）また、一部の世帯では、それらを深く理解するために一部の世帯で非構造的な聞き取りもおこなった。過去の同村の調査で収入を具体的に聞くと、途端に口が重くなる経験があったので、収入を個別に聞くことは他の項目の聞き取りの障害になるので実施しなかった。

今回はそのうち、非大卒者の五三七人分の資料を使用する。その理由は本稿で焦点を当てる非大卒者の多くが、若い時期に人生における紆余曲折を経ながらも、親戚や親しい友人の人脈をうまく使い技術を身につける。そこにはエスニック・グループ特有の動きがあり、就業とエスニック・アイデンティティの関係性において注目に値するためである。また、大卒者と非大卒者の就業の違いは明確であり、(5) この点は別稿で改めて議論することにしたい。また、同村は筆者が二〇〇五年以来、継続的にフィールドワークを実施している村落であり、住民から多くの話を聞いており、それらについても適宜、利用する。

二　調査地の概要

本稿の事例となる中国は、平原、平野、盆地に人口が集中している。それは中国のエスニック・マジョリティである漢族が平原などに好んで居住してきたからである。そうした地形にある村々では、人口密度が高く、一人当たりの農地が小さいことがほとんどであり、その収入の不足を補うために、古くから農外就業に従事してきた。

それは省面積の八割以上が山地を占める中国西南部の雲南省でも同様であり、雲南省面積に占める盆地の割合はわずか六%にすぎず、そこではいわゆる内地の平原などと同様に、人口密度が高く、一人当たりの農地は小さい傾向にある。ペー族は盆地に好んで住み、水稲耕作をしてきた少数民族の一つであり、現在の大理州を中心に広く居住してきた。南詔[6]・大理国時代には、中国王朝から独立して国家を作り上げていたが、モンゴル帝国の侵入により大理国は滅亡し、以後、中国王朝の支配下に入り、今日に至っている。彼らは明代初期には漢族の軍屯が大挙して雲南各地の盆地に移民し、中期以降から徐々に始まった改土帰流政策[7]によって、中国王朝の直接支配に組み入れられていった。ペー族は軍屯移民や直接支配にともなって同化して（させられて）きた。そのため、彼ら独自の言語を除いて、両民族の外見上の違いを見出すことは容易ではない。人口比率の上ではペー族人口の方が多い地域であっても、後から来た漢族の方が慣習上、やや優位な状況にあり、軍屯が移民した各盆地のリンガ・フランカ（共通語）は漢語（漢族の現地方言）であった。

三、X村の農外就業

（一）X村の概要と生業

鶴慶県（図1）は雲南省西北部に位置し、大理州に属する県である。人口は二八万人（二〇二〇年[8]）で、ペー族人口が三分の二、漢族人口が三分の一を占めるが、漢族は明代初期の軍屯移民の子孫が多い。

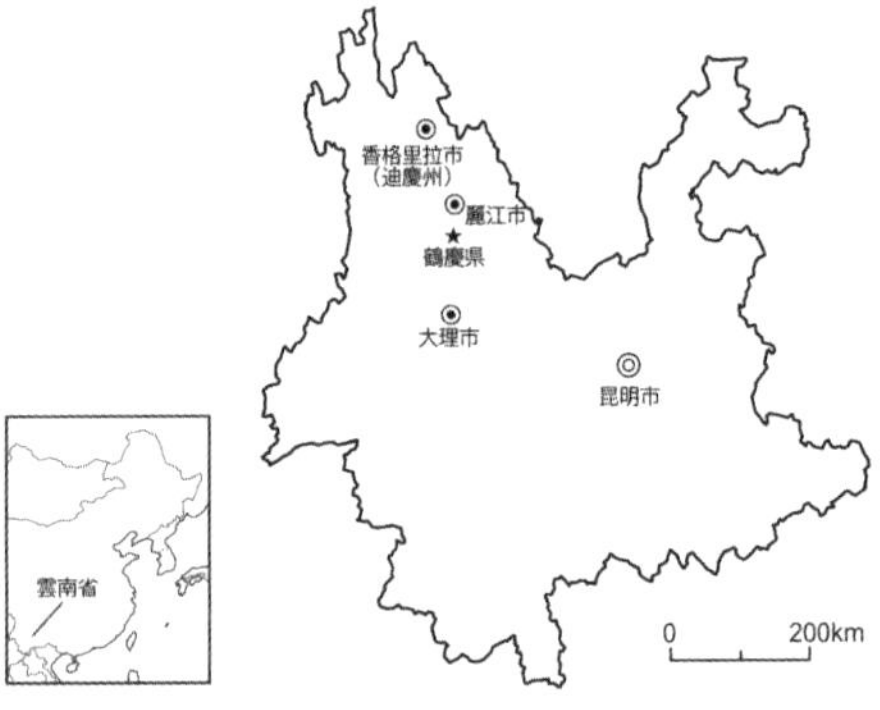

図1　鶴慶県の位置

X村がある県北部に広がる鶴慶盆地は北北東から南南西にかけて約三〇km、東西にはもっとも長いところで約八kmであり、県人口の約六割がこの盆地に住む。

雲南省の一人当たりのGDP（二〇一九年）は、四七九四四元（一元≒二〇円）であり，鶴慶県の一人当たりのGDPは三五八〇三元（二〇一九年）とやや低い状況にある（雲南省統計局編二〇二〇：五五）。中国全体から見れば、一人当たりのGDPは低いが、物価も安く、一般的な世帯の生活が貧困という状況ではない。

X村は鶴慶盆地ほぼ中央にある鶴慶県城（県政府所在

地。以下「県城」と呼ぶ）の東約四㎞にあり、現在は電動バイクが普及し、村と県城を簡単に行き来できる。同村は人口二〇〇〇人程度のペー族の「自然村」(9)であり、他民族出身者は婚入した配偶者以外に存在せず、同民族婚が八割五分以上、村内婚も全世代平均で四割ほどに達する（雨森二〇一二a）。

ペー族の家族構成は一世帯に三世代同居が比較的多い。ペー族は伝統的に、家に残った子ども（多くは男性）が親の面倒を見る。家に残った子どもが多ければ、両親の面倒は父親が長男、母親は次男といった具合で分けて面倒を見る。財産は生前に家に残った子どもによる均等相続をおこなう。「一人っ子」政策は同地において一九八七年から二〇一四年までの期間、厳格に行われ、その当時、ペー族農村戸籍世帯は二人まで認められていた。現在、産児制限条項は残っているが、二〇一七年ごろから三人目を生んでも罰金等を求められたという話は聞かなくなったが、実際、三人目を生む夫婦はわずかである。

生業は水田とともに、桑畑やトウモロコシ畑が広がっている。この桑畑は一九八六年以降、住民が自主的に栽培を増やしてきた作物であり、養蚕を行うためのものである。それまでの畑はとうもろこしを中心に栽培し、それは各家庭で育てられる豚の餌として主に利用されていた。

農地は一人当たりおよそ一・二畝（一畝＝六・六七a）であるが、生産責任制開始から四〇年以上が経ち、各世帯で「所有」する田畑の面積は、五人家族九畝あまりから八人家族一・二畝しかない世帯まで幅広く存在する。個々の作物の一畝当たりの農業収入については、表1を参考にしてほしい。

表1　X村の農業における1畝あたりの純利益

	すべて自作	一部苦力を雇用	すべて苦力を雇用
水田	1,200 ～ 1,400	200 ～ 300	-100 ～ 100
トウモロコシ畑	1,600 ～ 1,800	900 ～ 1,100	600 ～ 800
桑畑（養蚕なし）	200 ～ 800	-	-
桑畑（養蚕あり）	3,200 ～ 4,000	-	-

（単位：元、2021年）

注：必要経費・補助金を含んだ利益

（出典：聞き取りをもとに筆者作成）

調査に応じた三五四世帯中三〇八世帯が農業もおこなっており、農外就業を行っていない世帯は調査に応じた世帯のうち、わずか三六世帯である。それらは障害者や高齢者のみで構成されているわずかな世帯を除き、共通していることは必ず、養蚕をやり、その多くがウシまたはヒツジを飼っていた。また、農業をやらない村内の親戚などから農地を「購入」、または借り受けることで農地を増やしている世帯では、それなりの収入がある。ブタは現在、価格低迷により、自家消費分のみの飼育になり、収入に寄与しなくなった。

もっとも多くの割合を占めるのが農外就業と農業を兼業している世帯である。これも水稲耕作のみ続ける世帯と、水稲耕作に加えて養蚕も行う世帯に分かれ、筆者が各戸を訪れた際の見立てでは、それらはほぼ半々程度である。そうした世帯では農業収入の大部分は養蚕である。

農外就業のみの世帯も調査に応じた世帯のうち、四〇世帯あったが、それらは経営者世帯または、省外の工場労働に出て、村に労働力が残っていない世帯のいずれかであった。不在世帯も比較的多く、そうした不在世帯の多くは春節時期を除き、農外就業にあると推測される。

（二）X村の歴史的な農外就業

X村の主要な農外就業は建築業であり、大工やそれに付随する家屋の土台や家屋の飾りに使われる石材の加工を行う石工などもみられる。この大工の歴史は筆者のフィールドワークによれば、清朝末期にまでさかのぼることができる。九〇歳代大工の元棟梁の男性A氏（二〇一一年にA氏の息子とともにインタビュー）は、自身が一二歳のときに村の棟梁につき、大工の仕事を覚えたという。彼に技術を教えた棟梁もまた、X村の人でその当時、四〇歳ぐらいだったので、清末にはX村の少なくない男性が大工の農外就業で生計を補っていたとみられる。その当時、彼らは鶴慶盆地を中心に、鶴慶県城から北約四〇㎞の麗江県（当時。現在は玉龍納西（ナシ）族自治県と古城区に分割された）までの仕事は受けていた。

その後、集団農業時代になり、大工は県内を中心に続けられていた。その転機となったのは、一九五七年の稲中公路（四川省甘孜藏（チベット）族自治州稲城県―雲南省迪慶藏族自治州（以下、迪慶州とよぶ）中甸県（現在の香格里拉市））の建設であった。この道程は深い山と渓谷を越えていくおよそ二〇〇㎞にもおよぶ道であり、当時、建設工事の作業員募集に応じたX村の元大工の男性B氏（八〇歳代、二〇一二年インタビュー）の証言によれば、次のようであった。

私は（X村の）数人と一緒に行った。政府はチベット攻略のために、チベット族地区の道路建設をかなり急いでいた。道路建設中、中国共産党支配に抵抗するチベット族の勢力に襲われることが想定され、軍が工事現場の周りを警護していた。応募した労働者の技術に応じた仕事の割り振りの際、私は大工の技術らしい技術はまだ何も身に付けていなかったが、村の大工仕事の様子は見て、多少知っていたこともあり、大工だと大見えをきったため、橋梁建設に回された。私はこの工事の過程で大工の技術をほぼ習得した。そして、私はおよそ三カ月働いた。賃金は月八〇元で、食事代が一日あたり一・二元引かれ、タバコや酒代などの小遣い銭を差し引いて、ひと月およそ二五元を手元に残すことができた。

大工の技術は道路建設の中でも、橋梁建設に特に必要なものであったようだ。B氏とX村から来た住民はこの工程が終わったのち、大理市にある国有会社から勧誘を受けて入社するも、B氏だけは待遇に満足できず、半年足らずで会社から逃げ出し、村に帰った。これがきっかけとなり、文化大革命が落ち着いた一九七〇年に、国有会社に残った当時の仲間から中甸県で家屋建設の仕事があるといわれて、彼はふたたびX村の数人とともに中甸県城の郊外に一週間かけて向かった。一九七〇年にB氏とともに、中甸に行った元大工の六〇代男性C氏（二〇一二年インタビュー）によれば、その当時、中甸県の副県長にも鶴慶県の人がいたという。それ以来、X村にはたびたび中甸県での仕事が舞い込むようになった。改革開放後もX村の住民はそれまでと同様に、迪慶州に属する三県、とりわけ中甸県を中心に広く大工として農外就業に行くようになった。そして、集団農業期に下火になっていた麗江へも再び、盛んに行くようになった。

（三）現在の農外就業とその就業地

改革開放政策がはじまって、四〇年以上経過したが、表2を見てもなお、彼らの農外就業は大工が全体の四割以上を占め、他の技術を持った農外就業従事者を含めると、六割を超えている。彼らの雇用形態別の人数とその割合は、雇用されている者が五一・〇％

表２　Ｘ村の非大卒者の農外就業の職業

	職種	人数	内女性の数	
技術系	建築業（大工・コンクリ工）	184	10	
	（リフォーム工）	28	5	
	（石工）	12	3	
	（壁絵師）	6	0	
	（木工彫刻）	6	0	
	自動車修理工	32	1	
	調理師	4	0	
	銀加工業	9	1	
	美容師	5	2	技術系計
	その他の技術系農外就業	6	0	292
非技術系	工場労働者	57	23	
	工場労働を除く肉体労働者（苦力）	19	7	
	トラック運転手（宅配業を含む）	15	0	
	バス運転手	5	3	
	didi 車の運転手	2	0	
	販売員・サービス員・ホテル従業員	25	20	非技術系計
	その他の非技術系農外就業	1	1	124
商売系	飲食店経営	33	17	
	食品店経営	18	8	
	松茸買付、卸売	2	0	商売系計
	その他の商売系の農外就業	35	17	88
	分からない・職業不定・その他	33	8	33
	計	537	126	

(n=537)

注：家業の手伝いは，それぞれの職業に数字に含まれている。

（出典：雨森（2023）電子付録４頁、改）

（二七四人）ともっとも多く、自営業が三七・八％（二〇三人）、近しい親戚以外を雇っている経営者は七・八％（四二人）、不明などが三・四％（一八人）であった。ただ、大工で自営業を営む者は自分の仕事がなければ、棟梁に雇用してもらうことも頻繁にある。

大工・コンクリ工の待遇については、個人で仕事を請け負った場合が一日三〇〇－四〇〇元、棟梁に雇用された場合が、一日二〇〇－二五〇元（日帰りできる場所では昼食の提供、そうでない場合は寝床と三食を提供）が相場となっている。壁絵師・木工彫刻は芸術性が高いため、大工と同程度から一日八〇〇－一〇〇〇元という人もいる。他方、苦力とよばれる肉体労働の賃金相場は一日一〇〇元、農繁期が一日一五〇元程度である。これらの賃金水準は鶴慶県や雲南省西北部でおおむね共通している。労働環境は工場労働と比べて、かなり緩やかである。彼らは一年のうち、六か月から一一か月程度、農外就業に就く。他方、工場労働の賃金は省内が月三〇〇〇元程度であり、沿海部では、夜勤を含めて月五〇〇〇元程度であり、春節時期を除き、帰ってこない。この地方での大工などの技術労働の就業の賃金は、沿海部の工場労働と比較して、同水準と言える。

既婚女性が村に残る場合、農業（多くは養蚕もする）に従事したり、県城に日勤で仕事に就くことが多い。他方、村に残らない場合では、夫が雲南省西北部で自営業をしていれば、家業を手伝うことも多い。沿海部の工場労働の場合、夫婦で行くことが多い。

大工の棟梁は常に大工などを抱えているわけではなく、仕事があれば、規模や工期をかんがみて呼び集める形である。彼らは主たる本拠地をそれぞれ持っているが、そこから遠くても、大工が来てくれそうな場所であれば、仕事を引き受ける。

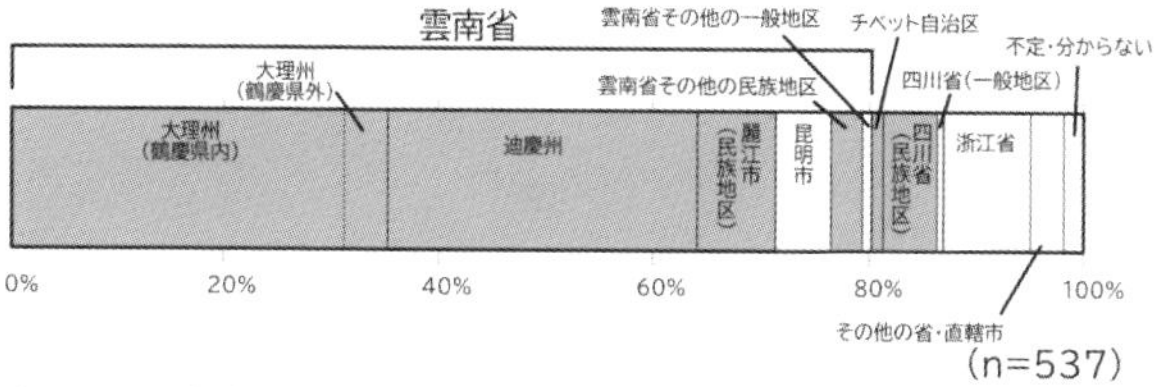

注：灰色は民族地区を指している。

（出典：聞き取りをもとに筆者作成）

図2　就業地の割合

図2では、住民の農外就業の就業地を表しており、鶴慶県内、麗江市、迪慶州が多くを占め、この三地区だけで全体の七割を占めているその他の民族地区(10)を含めて、民族地区への農外就業が全体のおよそ八割を占めている。二〇一五年以降、一部の住民は浙江省台州市に工場労働にいくことが増えた。

これらのなかで、表3は家族や近しい親戚以外の従業員を雇用している住民の経営者(11)（四二人、三九社）がその従業員の出身民族の多少、ビジネスの本拠地を聞いたものである。大工などの技術をもとにしたものが全三九社のうち、三五社が何らかの技術をともなうものであり(12)、三一社が伝統的な建築業である。技術をともなう就業では、おおむねペー族の従業員が多い傾向にある。つまり、彼らは経営者と従業員という社会関係資本を構築している。その一方で、技術を用いないその他の表三中の民間企業経営者（広東省某市緑化局の下請けで街路樹を植える園芸業、地元で人材派遣業

表3　X村における経営者の職種と主な事業展開地

	総数	ペー族の雇用（内訳）					主に事業を展開している地区と数
		(ほぼ)すべて	多い	少ない	いない	分からない	
大工業	27	15	7	2	2	1	迪慶州16、大理州5（うち鶴慶県内4）、麗江市（民族地区）3、四川省（民族地区）2、チベット自治区1
リフォーム業	1		1				大理州（鶴慶県外）1
壁絵師	2	2					X村内2
木工彫刻師	1		1				X村内1
自動車修理業	3	3					鶴慶県内1、迪慶州1、四川省（民族地区）1
美容室経営	1		1				大理州（鶴慶県外）1
飲食店経営	1				1		大理州（鶴慶県外）1
民間企業経営者	3			2		1	大理州（鶴慶県内）1、昆明市1、広東省1

※経営者とは家業手伝い者を除き、家族以外の雇用者がいるものを指す。　（社）

（出典：聞き取り調査をもとに筆者作成）

など）はペー族の従業員が少ない傾向にあった。ただ、この三人のうち二人の経営者は、住民が職に困っていて、働きたいと言ってこれば、彼らに何らの仕事をあてがうと述べているので、彼らの企業にペー族の従業員が少ない理由は、彼らが展開する業種に対して求職希望者が村に多くないことを示している。こうした経営者は住民の農外就業の雇用を守る役割を果たしており、彼らのほとんどは「立派な家屋[13]」を建て、住民からも尊敬されている存在である。

表4は、住民が雇用されている事業所の経営者の出身民族を表にしたものである。これらのなかではっきりとわかることは、県内ペー族同士のつながりが強く、その一方で、県人口の三分の一を占めるにも関わらず、県内の漢族に雇用されている住民はかなり少ないことである。しかも、県内漢族との雇用関係があった世帯はすべて、近しい親戚をもとであったり、それを介したものであった。他方で、現代化の中でペー族だけの結びつきには限界があるようであり、県外の漢族との雇用関係は多い。

表４　Ｘ村の住民を雇用する経営者の出身民族および出身地

被雇用村住民の雇用主	人数	割合
県内のペー族	97	35.4
県外のペー族	4	1.5
県内の漢族	10	3.6
県外の漢族	84	30.7
出身地のわからない漢族	4	1.5
ペー族ではない少数民族	2	0.7
その他	27	9.8
分からない・一定しない	46	16.8
合計	274	100.0
	（人）	（%）

(n=274)

（聞き取りをもとに筆者作成）

これらのデータが示していたことは、Ｘ村では建築業の農外就業に従事している住民がいまなお、多いだけではなく、彼らは棟梁、大工という雇用関係だけではなく、人間関係がつながっていることが理解できる。次節では農外就業にはどういった意味が付与されているのか、彼らの言説をもとに検討していきたい。

四．ペー族の農外就業にみるエスニック・グループとしての意味

彼らに農外就業を行う理由を尋ねるとまず、「金を稼ぐため」と異口同音の言葉が返ってくる。それは真実に違いない。だが、彼らの仕事を選択するには一定の理由が存在しており、それは重要な考慮事項となっている。本節では、その重要な考慮事項について順を追って考察

を加えていきたい。

（一）技術の習得という選択

鶴慶盆地の農村には、数え年で一二歳から二四歳までの干支の一回りに職を探し、結婚できるとよいとされる慣習があり、それはペー族・漢族で共通している。現在では、この一回りには中学校までの義務教育[14]があり、必ずしも一二歳から職を探すということはなくなったが、雲南西部の農村では、小学校を出て中学校に行かない者や中学校を中退する者、中学校を退学処分になった者もまだまだ多いので、昔からの慣習もまだ生きている。

男性の若者の多くは学校を出て、必ずしもすぐに、仕事を探すわけではない。多くはバイトを転々と変えながら、徐々に自分のやりたいことを見つけていく。筆者がインタビュー調査をしているとき、一五歳前後の男子がいる世帯で、母親たちに何をしているのか聞くと「数日あっちでアルバイトをして、また数日、そっちでアルバイトをして」と、アルバイトさえも不定で継続してない者が多かった。そうした息子を持つ親はいちいち、それを把握していないほどであった。もちろん、自分のやりたい就業を早々に見つけ、親を師にしたり、親戚などの伝手を利用して、師を探し、弟子になっている者もいるが一五歳ぐらいの段階ではまだ少数である。

一五歳で中学校を卒業して以降、アルバイトを散々変えた挙句、ここ一か月ぐらい前から香格里拉市のバーでボーイのアルバイトをはじめた、何の技術を持たない息子（二〇代前半）を持つ四〇代女性のD氏（主婦兼農業・二〇二一年インタビュー）は、「若い間は何かと（アルバイトが）見つかるけど、将来を考えれば、あれではよくない。嫁も見つからない…何か技術を身につけてほしい…」とため息をつきながら話していた。村内のそうした年頃の子ども・孫を持つ親や祖父母は、何らの技術を身につけてほしいという意見が圧倒的である。ただし、未婚女性を子に持つ親から同様の悩みを聞く機会はなく、彼女らは技術を習得することを求められていない。そして、筆者の管見の限り、彼女ら自身も技術を身につけることをまったく想定していない。

二〇代前半男性E氏（失業中・二〇二一年インタビュー）は技術を身につけずに、各地の工場を渡り歩いている。インタビュー当時は工場をリストラされて実家に戻っていた。彼は一度、祖父の親戚の銀加工の師匠について学んだことがあったが、一か月も経たずに実家に帰ってきたことがあった。その彼になぜ、銀加工の弟子をやめたのかと聞くと、「(バツが悪そうに)自分には合わない」というだけであった。彼はそれ以前にも、彼の父のもとでリフォーム工の技術を学んだことがあったが、それも合わずに辞めてしまった。E氏の祖父（六〇代男性・元大工）は、「何か技術を身につけたら、あとは自分の力でなんとかできる」という。彼の祖父は、それを筆者にもちゃんとE氏に諭してくれと依頼をするほどであった。逆を言えば、技術を持たないと外部（ほとんどは漢族の都合）の要因に大きく振り回されることを示唆している。

村の壁絵師の技術を身につけた二〇代前半F氏(男性・壁絵師）は、技術を身につけた理由を「私は絵を描くのが好きだし、お金も稼げる」という。また、X村からおよそ一〇㎞離れた村で銀加工の技術を身につけている若者に話を聞いても、「工芸品を作るのも（自分の）性格に合っているし、お金も稼げる」と答えるので、自分の好みとその技術の将来性で学ぶ技術を決めることは、一般的な就業選択のようである。

したがって、若者の多くはそうした試行錯誤を繰り返しながら、自分の進路を決めていく。それは何らかの技術を身につける、または身につけないという選択も含めてである。そして、技術を身につける段階では、多くの若者が自分に適した職、その職で将来にわたって、お金を稼ぐことができるのかということを重要な考慮事項としている。そして、そうした若者の親や祖父母は子や孫に、何らかの技術を身につけてほしいと強く願っていた。

（二）民族地区か一般地区かのという選択

X村の住民が農外就業を選ぶ際に大きな選択がある。それは地元を含む民族地区で就業するのか、それとも、漢族が主に居住する一般地区で就業するのかということである。技術の有無にかかわらず、発生する問題である。

四〇代男性G氏（リフォーム工・二〇二一年インタビュー）は一三歳で大工の農外就業を始めて、職業は二〇〇五年以来、自動車修理工などから三回程度、変えているが、一貫して（地元を含む）民族地区を選択している。彼はその理由を「漢族地区での労働は好きではない。自身で技術を身に付けて、チベット族地区でビジネスをした方が、気が楽。」と答えており、こうした意見は少なくない。また、一〇代から一貫して迪慶州で大工をしている五〇代男性H氏（二〇一一年インタビュー）は、「（迪慶州では）仕事が得やすく、自分で仕事がなければ、（仕事を持つペー族の）棟梁に雇われていればいい」と長年、当地で働くメリットを明かしている。迪慶州を中心に多くのX村の住民が（何人かの経営者も含めて、）大工・建築業を展開しており、何かと仕事は得やすい状態にある。つまり、X村の住民には民族地区を意図的に選択する人が一定数存在するが、民族関係ではなく、収入の安定を求めるだけの理由で来ている人もいるのだ。

他方で、X村では漢族に騙された、差別的なことを言われたという話題には事欠かず、外部（＝漢族）に対する警戒心は強い。多額の金銭を騙し取られた話は筆者が被害者の住民本人から直接、聞いた話だけでも、二件もある。筆者が間接的に聞き及んだものまで含めれば、かなり多い。また、漢族はペー族に対して、差別意識があることも認識している。当時五〇歳代の男性I氏（元大工、二〇〇五年インタビュー）は、隣の漢族村でパーティがあって、筆者は彼と二人で歩いて行った。その帰り、漢族の人々がペー族を「民家人」と呼んでいたので、私は「それ、民家人は自称なのか、他称なのか」と何げなく尋ねた。彼はものすごく不愉快な表情になり、次のように答えた。「あれ（民家人という呼称）は漢族がそう呼んでいるだけで、彼ら（漢族）は、我々をバカにしている」と答え、筆者が「では、なんで自分たちは呼ぶのか」と質問したら、「ペーリュ（＝白い人）だ」と答えた。また、二〇〇五年に上記の漢族村でフィールドワークを行った際にも、そこの住民は筆者に「普通語（標準語）も話せない人たちの何を調べるの？」と質問し、言葉の節々にペー族をやや下にみる発言があった。こうしたやりとりはペー族にとって、エスニック・アイデンティティを傷つけられることではあるが、自分たちが「ペー族」であることを自覚するには十分である。

大都市での就業では、自営業であれば、まとまった開店資金を持っていれば、比較的容易にビジネスを始められるが、近しい親戚ではない者を雇用して会社を経営するとなると、相当な努力、共産党との関係や個人の運が必要であり、決して簡単にではない。漢族地区で成功し

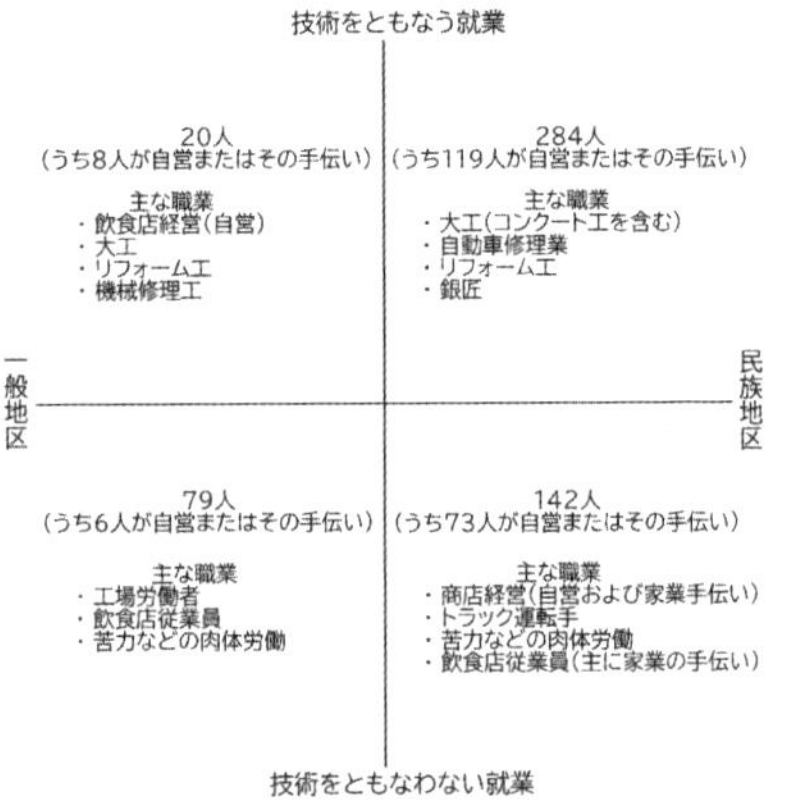

(出典：筆者作成)

図3　就業地および技術の有無による就業別の人数と主な職業

たX村出身の経営者はたった一人にすぎない。一人は頻繁に村に帰ってきて、住民との関係を継続しているが、もう一人はすでに、村にほとんど戻ってきておらず、老人たちの一部はそれを「漢族になった[15]」と表現することさえある。

近年、浙江省台州市における工場労働が増えている。その背景には安価な小型電動輸送車が二〇一四年ごろから急速に普及し、輸送用トラクターを運転していた住民が村での農外就業を失ったためである。三〇代男性J氏(浙江省台州市の工場労働者、指を怪我したため、帰郷療養中、二〇二一年にインタビュー)は次のように述べている。「私は二〇一六年に初めて台州に行った。その当時、まだ鶴慶人も少なく、工員の多くは四川人であった。その後、四川人はどんどん少なくなり、その代わりに雲南人・貴州人が増えた。現在、鶴慶人は多くいる。帰ってくる直前(二〇二一年四月ごろ)には四川人三分の一、雲南人三分の一、貴州人三分の一、その他の地方の人がわずかにいる感じだった。工場のオーナーは台州人だ」。彼らは個々の工場の仕事の多少で工場を渡り歩くので、工場の外に部屋を借りている。筆者がふとした疑問で「ペー族は台州に多く行っているのか?」と尋ねたら、彼は「多い。街でペー語を聞いたこともある。しかし、職場ではもっぱら雲南人としてまとめられていて、ペー族の人数は分からない」という。つまり、彼らが働く工場では、漢族であれ、少数民族であれ、十把一絡げで「雲南人」として扱われており、「ペー族」ということを表現しにくい状況下にある。ペー族は遠方で仕事に従事して、ペー語を使う環境になければ、雲南の漢族とほぼ変わらず、結果として「漢族のふり」をすることになってしまうのだ。

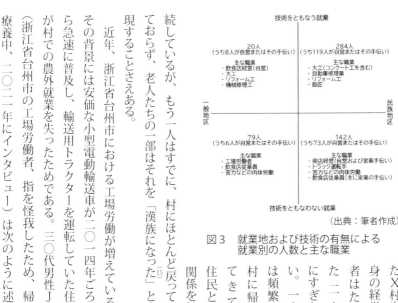

（三）農外就業の選択とその意味

前項までに、彼らの農外就業の重要な考慮事項として、技術の有無および、就業地の選択について検討をしてきた。そのことから、彼らの職は図3のようにまとめられる。この図が示すように、技術を用いて民族地区で農外就業を行っている住民が最も多く、技術を持つものはほとんどが民族地区で就業をしている。つまり、若いころに自分の好みと将来性を勘案して学んだ技術は、ほぼ民族地区で生かされている。彼らが技術を学んだ場所のほとんどは地元鶴慶県や歴史的に農外就業が展開されていた民族地区であるが、彼らが新天地を求めて一般地区に向かうことはわずかにすぎない。結果、技術を身につけることは民族地区で働くことを選択するも同然なのだ。

そうした彼らの行動は、ペー族としての仲間意識を強める結果にもなるだろう。そこには、前節で述べたように、一般地区で農外就業をおこなうことを嫌がる層が一定数いて、彼らは頑として民族地区を就業地として選び、彼らを核として周りに多くの住民が集まる形になっている。

筆者は以前、彼らの主要な就業先である迪慶州徳欽県でフィールドワークを実施した際、彼らはこうした就業先でのつながりをかなり持っており、これは同村・同業者に限らず、周辺ペー族村・異業者まで幅広くつながりを持っていた。

チベット自治区東部で大工の棟梁をしているG氏の父（五〇歳代、大工の元棟梁、現在は息子G氏が事業を継承）は、彼のもとにいる大工にペー族の人がいないと答えたので、筆者がそのことについて聞いたら、彼は「（住民は）遠くへ行きたがらない。あなたも長くいるから、もう分かっているだろう」また、「自営の人たちは一緒にいたい。その方が（彼らの仕事にとって）都合がいい」と続けて述べた。補足をすれば、遠くに行かず、近くにいれば、農繁期だけ村に戻って、それが終わったら就業地に戻ることが容易だからである。また、一緒にいたいというのは、彼らに仕事がなければ、仕事を持っている人のところで雇用されればよく、それは収入の安定性が高まることに資するのである。

他方、一般地区での技術をともなわない就業は、被雇用者の割合が明らかに高く、工場労働が最も多い就業となっている。彼らは技術もなく、自営業を行うために必要なまとまった資金もない。彼らがそうした中で近年、浙江省に向かうのは少しでも多くの賃金を必要としているためであろう。高い賃金を少しでも多く得ることによっては、個人で事業を行う元手にしたり、ペー族の価値観として、少しでも「立派な家屋」を建てる資金にすることを可能にする。そして、それは村内での自らの地位上昇につながる（雨森二〇一二b：八八）。彼らにとって重要な考慮事項は、自らを「雲南人」としてまとめられることよりも、少しでも多くの賃金を得ることなのだ。彼らにとって家も建てられず、住民から下に見られるよりも、沿海部で少しでも多くの収入を得た方がいくらもましなのである。

したがって、彼らの農外就業から見える意味は、技術を身につけることで、民族地区で農外就業に従事し、漢族住民が大勢を占める一般地区での就業を避けつつ、エスニック・アイデンティティを維持することであった。同時に、彼らが民族地区に寄せ集まることで、仕事を融通しあい収入を安定させることにも可能になることから、同じエスニック・グループでまとまることは経済的にも理にかなったことであった。

五．まとめ

本稿では中国雲南省の少数民族の一つであるペー族の村落を事例として、農外就業とその就業地の選択にみるエスニック・アイデンティティの維持のメカニズムについて明らかにしてきた。彼らの農外就業は伝統的に、大工の技術を持ったものが多く、現在でも全体のおよそ半分程度を占めていた。彼らは当地の伝統にしたがい、民族地区に農外就業にでかけて技術を身につけ、ほとんどの者がそこでその技術を生かして農外就業に従事していた。住民の一部はかなり意識的に一般地区を避け、頑なに民族地区で農外就業を行い、その周りに経済的動機の強いものが集まっていた。こうした農外就業のメカニズムはペー族のエスニック・アイデンティティの維持に重要な役割を果たしていた。

Mitchell(1960[1949])が示したモホーク人の事例では、彼らが就業で「勇気を示す」ことにエスニック・アイデンティティを表出していた。他方で、X村の事例では、大工などの特定の技術がエスニック・アイデンティティを表出するのではなく、それ自体は若者の選択に任されていた。しかし、その技術を学ぶために民族地区で行き、学び終えてもなお、民族地区で就業し、ペー族同士のつながりを保つといった一見、目立つことない一連の就業の様態こそが、彼らのエスニック・アイデンティティの表出であったといえよう。

その一方で、本事例の特徴である「自給的農業と技術を用いた農外就業との組合せ」は一九四九年以前から今日にいたるまで、ほとんど変化をしていない。彼らが経済的に大きな意味を持たない農業をなお、続けることは、村を基盤としたエスニック・アイデンティティの維持に大きな意味を持っていることを示唆しているが、この点は稿を改めて議論していきたい。

改革開放から四〇年を経て、中国のいたるところで都市化や現代化が進み、大きく変化してきたが、彼らはそれにうまく対応してきたといえるだろう。筆者は二〇年弱、X村でフィールドワークを続けてきたが、彼らはむしろ、現代化を積極的に吸収して、大工の技術を高めてきた（例えば、木造から鉄筋コンクリート造への進出）。

一般地区の工場で働く住民に対する村の評価は決して、高いものではない。そうした彼らが他の住民を見返すことができるのは、「立派な家屋」を建てるほかないのである。彼らは技術を持たないがゆえに、「雲南人」と十把一絡げにまとめられても、少しでも賃金の高い沿海部の工場労働をするほかないのである。

遅くとも清朝末期には、X村の住民は生活の糧を補うために村の外に就業に出ていた。現在よりもなお差別が強かった一九四九年以前、少数民族である彼らが差別のない場所を求めて民族地区に向かったことは何ら不思議なことではない。彼らは漢族との接触をなるべく避けつつ、民族地区でいかせる技術を用い、村とのつながりを保ちながら、経済的にそれなりの稼ぎを得ることができた。それが今日まで脈々と続いており、今後も時代に対応しながら、実践されていくだろう。

註

（1）本稿で定義するエスニック・アイデンティティとは、エスニック・グループの独自性を認識し、かつそれに誇りを抱くことのできる意識状態を指すものとする。

（2）中国の戸籍には、農村戸籍者の職業が「農民（糧農）」と記載され、一定の田畑を必ず「所有」している。また、事例とする村落では家にいながら農業以外の就業を行っている者も少なくなく、必ずしも出稼ぎには当たらないため、それらを包括する用語として「農外就業」とする。

(3)Mitchell（1960[1949]）が最初に発表された一九四九年当時の文化人類学では、エスニック・アイデンティティという専門用語はまったく一般的ではなかった。だが、彼の研究は一九七〇年代以降に本格化するエスニック・アイデンティティやエスニシティに関する研究のさきがけとなった研究の一つであった。

(4)就業との直接、関係しているわけではないが、ペー族を事例としたエスニック・アイデンティティに関する研究では、横山（一九九八）の研究を取り上げておきたい。大理州の西に位置する楚雄イ族自治州（以下、楚雄州と記述する）には、かつてペー族であったとおぼろげに記憶し、自分たちを「漢族」と自称しているグループが存在する。彼らは同地で、ペー族としてのエスニック・アイデンティティを失い、ペー語もすでに消失していた。そのはっきりとした原因は分かっていない。ペー族であることを維持したグループは、現在の大理州を中心に居住している一方で、なぜ、楚雄州では上記の現象が発生したのか、大きな課題が残されている。

(5)大卒者は就職試験や各会社で面接などを受ける就職活動を経て、正規の就職を目指す。非大卒者では、数少ない中等専門学校や職業高校の卒業生が学校近隣の州市で就職活動をするのみである。彼らは一般的な非大卒者とはまったく異なる就職活動である。

こうした主として大卒による労働市場では、少数民族であることは、彼らの地元である大理ペー族自治州内の公務員や国有企業の採用を除いて、考慮されることはなく、漢族社会との「順応」を求められる。だが、中国国内にいる大卒者や韓国在住者の朝鮮族を対象とした研究では、少数民族のエスニック・アイデンティティを衰退・喪失するわけではなく、中国人であることと同時に朝鮮族であるという二重的なアイデンティティを形成することが明らかにされている（金二〇〇六；権二〇一一）。この点については、すでにデータは存在するので別稿で議論していきたい。

(6)南詔の支配形態は現在のイ族の祖先とされる王族の下に、ペー族の祖先とされる複数の有力貴族が従うものであったとされる（藤沢一九六二）。

(7)改土帰流政策とは、中国西南部の少数民族の世襲領主が支配する地区を中心に、明清代に行われた政策である。中国皇帝によって土司・土官に任命される在地の世襲の少数民族首長から、科挙官僚に切り替えていくことである。ただし、改土帰流が実施された地区のほとんどは、科挙官僚を地区のトップに据えた一方で、その属官（副官）の一人として、実権を削減しつつも、従前の世襲の少数民族首長を残しており、それを特に土流並治と言う。本稿で事例とする鶴慶盆地もまた、土流並治であった。

（8）鶴慶県人民政府HP「走進鶴慶」http://www.heqing.gov.cn/dlzhqx/c102537/zjhq.shtml（二〇二三年五月六日閲覧）。ちなみに、鶴慶盆地だけの民族人口の割合もペー族が三分の二、漢族が三分の一と県全体の比率とほぼ同じである。

（9）ここでいう自然村とは、村ごとに異なるペー語の方言差がなく、同じ守護神である本主廟（ペー族特有の宗教）を信仰する範囲にある人々が住む村落である。以後断りがない限り、X村とは自然村のことを指す。

（10）民族地区とは、少数民族区域自治において、自治区・自治州・自治県・自治郷となっている地区を指す。ただし、郷というレベルは行政機能がかなり弱いため、ここでは県以上の自治地区を民族地区とする。また、麗江ナシ族自治県については、麗江市の市制開始にともない、玉龍ナシ族自治県と古城区に市中心部を分割する形で、二つにわかれたが、古城区についても実質的に、人口の半分強がナシ族であり、民族地区となる政府の基準自体は満たしており、民族地区としてカウントする。

（11）一部は配偶者や兄弟が共同の経営者となっている。

（12）飲食店経営者一件は金銭的な拠出をするだけのオーナーであり、自ら厨房に立つことはなく、普段から店舗でホールを回しているわけでもないので、技術的なものに含めない。

（13）「立派な家屋」とは、木造やコンクリー造に関わらず、ペー族の伝統的な家屋の要素をきちんと踏襲し、外見的にも住民から見て立派だと言われる家屋を指す。これは住民にとって、その家の地位を表す重要な指標である。

（14）義務教育は九年だが、日本のそれとは異なり、国民が望めば、国家がその教育を保証するといったものである。本人が家族の同意の下でそれを望まなければ、中学校の退学も可能である。高校は普通高校が大部分を占め、その大学進学率は非常に高く、大学の良し悪しを選ばなければ、大学進学はほぼ可能である。ただし、高校進学率の地域差は大きく、大都市部が高く、中小都市部、農村部になるにしたがって低くなる。もっとも都市化している上海市で六割程度とされ、鶴慶県は三割程度である。

（15）共産党が政権をとる以前、戸籍に民族を示す項目はなく、漢族とペー族を分ける基準は居住地および言葉という二つの基準しかなく、それは慣習的なものであった。ペー族の人々にとって、漢語を話し、街や漢族村に住む人を「漢族」と呼ぶことは一般的であった。

参考文献

雨森直也（二〇一二a）「中国少数民族の結婚にみるエスニック・アイデンティティ―雲南省鶴慶県におけるペー族の配偶者の条件を事例として―」『南方文化』三九、一六一―一七七頁。

――（二〇一二b）「新たな「地域文化資源」の創造とエスニック・アイデンティティの強化―中国雲南省鶴慶県におけるペー族の観光化村落を事例として―」『アジア経済（JETRO）』五三―六、七二―九五頁。

――（二〇二三）「技能を用いる農外就業とその変化―中国雲南省鶴慶県ペー族の1自然村を例として―」『地学雑誌』一三二―六、五〇五―五一四頁。

雲南省統計局編（二〇二〇）『雲南統計年鑑２０２０』中国統計出版社。

江口信清（一九九四）「エスニック・ツーリズムとカリブ族のアイデンティティ強化について―カリブ海地域島嶼国家における観光と文化の関係についての1事例―」『立命館国際地域研究』六、一一三―一三二頁。

郝時遠（二〇〇九）「現代化過程中的少数民族文化」『国立民族学博物館調査報告』五〇、五七―六二頁。

金永基（二〇〇六）「中国朝鮮族のエスニック・アイデンティティ変化に関する研究」『社会学雑誌』二三、二二九―二四三頁。

権香淑（二〇一一）「朝鮮族の移動と東北アジアの地域的ダイナミズム―エスニック・アイデンティティの逆説」『北東アジア研究』二〇、三一―五〇頁。

古賀万由里（二〇一八）『南インドの芸能的儀礼をめぐる民族誌』明石書店。

早川貴光・伊藤香織・Burgess. A.（二〇一八）「北タイ山岳民族の住居にみられる都市化の影響に関する研究―チャンライ県のアカ族集落を対象として―」『日本建築学会技術報告集』二四―五六、三三九―三四四頁。

馬建釗（二〇〇三）「海南回族的歴史来源与社会変遷―対海南省三亜市羊欄鎮両回族村的歴史学人類学的考察―」『国立民族学博物館研究報告』二八―二、二九七―三二二頁。

藤沢義美（一九六二）「南詔国の支配階層について」『岩手大学学芸学部研究年報』二〇、一五―四五頁。

Mitchell, J. (1960 [1949]) The Mohawks in High Steel, In Wilson, E. (ed.), *Apologies to the Iroquois*, Syracuse University Press, pp.3-36.

横山廣子（一九九八）「雲南における白族と漢族の関係―民族的アイデンティティの変化に関する考察―」『国立民族学博物館調査報告』八、四四九―四六五頁。

呂怡屏（二〇一七）「台湾における災害展示と民族アイデンティティとの関係」『総研大文化科学研究』一三、二三九―二五五頁。

■論文

バトラーはボーヴォワールをいかに誤読したか

——「規範としてのジェンダー」と「自由としてのジェンダー」

古川直子

一．はじめに

八〇年代以降のジェンダー・セクシュアリティ研究において導入された社会構築主義的アプローチは、セックスとジェンダーの区分そのものを問いなおした。この理論的転回の立役者は、ポスト構造主義フェミニズムの旗手であるJ・バトラーと見なされることが多い。ジェンダーとは実体ではなく行為（パフォーマンス）であるというバトラーの本質主義批判は、従来のフェミニズムを刷新するものとして高く評価されてきた（江原二〇〇一、上野二〇〇二）。

バトラー自身はこの着眼の糸口を、S・ボーヴォワールに求めている。ボーヴォワールの「ひとは女に生まれるのではない、女になるのだ」という有名な一節が、バトラーの議論の出発点である。しかし、バトラーがこの主張をボーヴォワールから導きだしたプロセスを詳細に検討するなら、それが多くの誤読にもとづいていることが明らかになる。ボーヴォワールの読解において、バトラーは「女になる」ことについての彼女の分析をまったく逆の意図で読みとるのである。これによってバトラーは、かつてセックス／ジェンダーの区分に賭けられていた重大な洞察を抹消する。それはすなわち、現在の社会における女性の姿は、生物学的に定められた運命ではないという知見である。この区分を導入した第二波フェミニズムと、その先駆たるボーヴォワールの主張を、バトラーは「ジェンダー・アイデンティティの理論」というまったく別種の内容によって塗り替えるのである。本稿は『ジェンダー・トラブル』（Butler［1990］1999）にいたるまでのバトラーの初期著作を考察対象とし、この展開がいかにしてもたらされたのかを検討する。

われわれはまず、バトラーのボーヴォワール解釈の流れを追い（第二節）、その読解の問題点を明らかにする（第三・四節）。さらにこの分析をもとに、バトラーによるボーヴォワールの曲解が何を意図したものであるのかを検討する（第五・六・七節）。その結果として、バトラーの議論が抱える重大な問題点が明らかにされることになる。ここでしめされる問題は、バトラー流の本質主義批判をスタンダードとしてきた近年のフェミニズムの限界そのものである。すなわち、社会化というプロセスの固定性に対して、個人のエージェンシーを強調する。男女というカテゴリー間のヒエラルキーではなく、個人のアイデンティティを重視する。このような現在のフェミニズムにおける支配的アプローチが帰結した理論的困難そのものである。本稿はこの困難に対し、ボーヴォワールと第二波フェミニズムの洞察に立ち戻ることで、その乗り越えに向けた貢献をはかるものである。

二．バトラーによるボーヴォワール解釈

バトラーはまず、ボーヴォワールの議論にセックス／ジェンダーという区分の先駆を見てとる。しかし、バトラーによれば、ボーヴォワールはセックス／ジェンダーの区分を先取りしていただけではない。彼女はすでに、フェミニズムによる社会化論の限界を乗り越えるための視点を提示してもいたのである。性役割をつうじた社会化を重視する第二波フェミニズムの議論を、バトラーはこう批判する。「女性は文化的に構築される」「ジェンダーが受容される」というように、フェミニストらは社会化のプロセスを受動態で記述しがちである。しかしそれでは、社会化がどのように生じるかという当のメカニズムをうまく説明することができない（Butler 1986a: 36, 1988: 526, 1989: 255）。

これに対してボーヴォワールの意義は、「女に*なる*こと」をある種の選択としてとらえた点にある（Butler 1986a: 36, 1989: 257）。彼女にとって、「女性になる」とは意図的で、領有的な一連の行為であり、あるスキルを身につけることであり、サルトルの用語で言うところの

『投企』であり、文化的に確立された身体様式や意義を引き受けることである」(Butler 1986b: 505 強調原文)。この選択としてのジェンダーという観点は、従来のフェミニズムに創発性という新たな可能性を拓く。女性になることを「受容された諸々の文化的可能性を領有し、解釈し、再解釈する能動的なプロセス」(Butler 1986a: 36) ととらえるのである。

ジェンダーとは押し付けられるものであると同時に、個人が選びとってゆくものでもある。つまりそれは、選択であると同時に社会化によって構築されるものでもある。この両義性は、ボーヴォワールの「なる」という動詞の曖昧さに反映されている (Butler 1986a: 37, 1986b: 505, 1989: 255)。ボーヴォワールはジェンダー化のプロセスに「選択」という視点を導入することで、従来のフェミニズムにおいて見過ごされてきた個人のエージェンシーに光を当てたのである (Butler 1986a: 36,48, 1986b: 508)。

女になることが女になることを選ぶことであるなら、それはつねに生成中のプロセスとなる。女性になるとは女性になることを選び続けることであり、このプロセスには始まりも終わりもない (Butler 1989: 255-257, [1990]1999: 43)。

もしひとは女に生まれるのではない、女になるのだというボーヴォワールの主張に何らかの妥当性があるとするなら、女性そのものが進行中のタームであり、生成であり、始まったり終わったりすると言うことが適切ではないような構築作業であるということになる (Butler [1990]1999: 43 強調原文)。

バトラーは「女になる」というボーヴォワールの一節をこのように解釈することによって、実体としてのジェンダー理解を乗り越えようとする (Butler 1988: 520)。すなわち、ジェンダーとは行為であり、行為が継続されている限りにおいてのみ存在する。「もしこれらの行為がなければ、ジェンダーはまるで存在しないだろう」(Butler 1988: 522, [1990]1999: 178)、と。バトラーによれば、ジェンダーとは名詞ではなく、動詞である (Butler [1990]1999: 143)。われわれが行為の背後にその原因たるジェンダー・アイデンティティを誤認するからこそ、ジェンダーは固定的な実体に見えるのである（Butler 1988: 520,［1990］1999: 33）。

三 「なる」と「つくられる」

本節では、前節で見たバトラーによる読解の妥当性を順に検証してゆきたい。まず、セックス／ジェンダーという区分をボーヴォワールに見いだすという出発点について問題はない。この読解の出発点において、バトラーの試みはごく穏当である。

> フェミニズムは解剖学が運命であるという主張を覆すための長年の努力を積み重ねてきたが、そこにおいてセックスとジェンダーの区分は不可欠であり続けてきた。セックスとは、雌の身体における不変の、解剖学的に明確な、事実としての側面を指すとされる。それに対してジェンダーとは、この身体が獲得する文化的な意味と形態であり、身体が社会化（acculturation）を被るさまざまな様式である（Butler 1986a: 35、強調原文）。

六〇年代から七〇年代にかけての第二波フェミニズムによれば、セックス（生物学的性別）は文化や時代をつうじて不変だが、これがどのような役割や資質と結びつけられるのかは文化によって異なっている。ジェンダーとはこうして社会的につくられた「女らしさ」や「男らしさ」であり、それゆえ文化や時代に応じて変化する。セックス／ジェンダーという区分が導入された当時、そこに賭けられていたのはこのような理解であった（Millet 1970, Oakley 1972: Rubin 1975）。その意味において、バトラーのこの整理は正しい。

当時のフェミニズムは、性役割や社会化というタームによって社会的な男らしさや女らしさが形成されるメカニズムを明らかにした。ボーヴォワールの「ひとは女に生まれるのではない、女になるのだ」という一節はこの着想の先駆である（Scheu 1977, Haraway 1991: 131, Ellena & Gaussot 2001）。ボーヴォワールはこれらの語こそ用いていないものの、すでに同型の発想を随所で示していた（Beauvoir 1949a: 378, 1949b: 52, 639–640）。たとえば、次の箇所はその一例である。

> 「女性的な」女性を本質的に特徴づける受動性とは、こうしてごく幼い頃から女性において育ってゆく性質なのである。だが、これが生物学的な所与であると主張するのは誤りである。実際のところ、それは女性の教育にあたる者や社会によって女性に押し付けられた運命にすぎない（Beauvoir 1949b: 28）。

現在の女性の姿は自然による創造物（une création de la nature）ではなく、文明がつくりあげた産物（un produit élaboré par la civilization）である（Beauvoir 1949b: 644）。『第二の性』という著作の基底をなすのは、この主張である。だが、こうしてセックス／ジェンダーの区別をボーヴォワールが先取りしていたという事実こそ、バトラーの読解が重大な誤読であることの根拠である。バトラーはボーヴォワールから「選択としてのジェンダー」（Butler 1986a:40, 1986b: 508）という着想を読み取り、これを第二波フェミニズムの受動的な社会化モデルへのオルタナティブとして評価していた。

> ひとは女性に生まれるのではない、女性につくられるのだ。ボーヴォワールがこうは言わなかったことに注意しよう。ジェンダーとは受動的に受容されるものではない。そして、社会化のプロセスを文化的慣習によって型どられたり、書きこまれたりするような受動的プロセスに例えることはできない。この文化的慣習とは外在的であるばかりでなく、エージェンシーを備えてもいるようなものである（Butler 1989: 255、強調引用者）。

しかし当のボーヴォワールは、まさに女が社会によってつくられると主張しているのである。「ひとは女に生まれるのではない」という一節の続きを見るなら、この点に誤解の余地はない。

> ひとは女に生まれるのではない、女になるのだ（On ne naît pas femme : on le devient）。いかなる生物学的、心理的、経済的運命も、人間の雌が社会において帯びる姿を規定しない。雄と去勢された者の中間にあたる、この女性と呼ばれる産物をつくりだす（élaborer）のは、文明の総体である（Beauvoir 1949b: 13）。

バトラーはボーヴォワールの「なる」という表現の曖昧さを積極的に評価していた。しかし、ボーヴォワールにとってこの語の内容は明確である。ある個人や集団が劣った条件下にとどめられているとき、事実としてこの個人あるいは集団は劣等である。しかし、この「ある」という動詞を実体と捉えてはならない。「あるとはなったということであり、それはいま現れている姿につくられたということ（*être* c'est être devenu, c'est avoir été fait tel qu'on se manifeste）」を意味するからである（Beauvoir 1949a: 27、強調原文）。この箇所で avoir été fait(e) という複合過去形の動詞が用いられていることは注目に値する。つくられる過程は、この時点で完了しているのである。つまり、女になるプロセスには終わりがある。

さらにボーヴォワールは、「後になって、女がつくられた姿（ce qu'elle a *été faite*）になることを妨げることはできない」（Beauvoir 1949b: 644、強調原文）と述べることで、女につくられるプロセスの不可逆性を強調してもいる。「女につくられた」あとでそれをやり直すことができないのは、「女性がつねに自身の背後に過去を引きずることになる」からである（Beauvoir 1949b: 644）。

四．女性の「生成」をめぐって

バトラーは女になることが終わりのない生成のプロセスであるという解釈の根拠として、ボーヴォワールの下記の記述を引いている。

> 女性は固定した現実ではなく、生成（un devenir）である。女性を男性と対置しようとする際には、つまり、女性と男性の可能性を見定めようとするときには、生成しつつある女性の姿において（dans son devenir）そうする必要があるということである（Beauvoir 1949a: 75、強調原文）。

たしかにここでボーヴォワールは、女性が固定した現実ではないと述べている。しかし、この続きを読むと、彼女の趣旨がバトラーの解釈とまるで別物であることが判明する。

> 多くの議論の誤りは、女性の能力について問いを立てながら、女性を過去や今日の女性の姿へと還元しようとする点にある。事実として、能力は実現されない限り、根拠をもって立ち現れることがない。しかし、自らを超越し、乗り越える存在について考える際には、計算を終わらせることができないというのも事実である（Beauvoir 1949a: 75）

もし女性が社会によって「女につくられる」ことがなかったとすれば、彼女たちはどのような人間になり、いかなる才能を発揮しただろうか。現時点でその姿は、たんなる想像でしか語ることができない。「ひとは女に生まれるのではない」というフレーズをもじって、ボーヴォワールは次のように述べる。「ひとは天才に生まれるのではない、天才になるのである」（Beauvoir 1949a: 228）。もちろんひとは天才になることを選ぶのではない。ひとは天才につくられるのである。天才につくられるとは、女につくられるのとはちょうど正反対のプロセスである。それは女にはほとんど与えられることのないチャンスと特権に恵まれることだからである（Beauvoir 1949a: 228, 1949b: 623-624, 627, 629）。

「女性の状況はこの〔天才に〕なることを現在にいたるまで不可能にしてきた」（Beauvoir 1949a: 228）。女性の天才が過去の歴史においてかくも稀であるのは、社会が女性たちから自己を表現する機会を徹底的に奪ってきたからである（Beauvoir 1949a: 377）。男女の置かれている状況がかくも根本的に異なる以上、現時点での男女の能力を云々しても意味がない（Beauvoir 1949b: 515）。ボーヴォワールがここで語っているのは、そういうことである。

ボーヴォワールにとって、これまで個々の女性が受けてきたライフチャンスの制約が大きければ大きいほど、集団としての女性の可能性は未知である。これまで女性から奪われてきた機会の大きさは、そのままそっくり未来の伸びしろを予見させる（Beauvoir 1949b: 630）。社会化のプロセスが不可逆的かつ固定的であるからこそ、ボーヴォワールにとって女性というカテゴリーは生成なのである。もし「その〔女性が背負わされた過去の〕重みを測るなら、女性の運命が永遠に固定されたものではないことが根拠をもって理解される」(Beauvoir 1949b: 644-645) のだと。

ここでボーヴォワールは、性差別と人種差別のアナロジーについて語る。人種差別であれ性差別であれ、それを正当化するロジックはいつも同じである。「『永遠の女性的なるもの』とは、『黒人魂』や『ユダヤ人気質』と同種のものである」。女性や黒人の解放が進みつつあるなか、支配カースト（男性や白人）は自分たちが黒人や女性のために選んだ場所に黒人や女性を何とかとどめようとする。白人は子どもっぽく、陽気な黒人を「善き黒人」として歓迎する。男性は幼稚で依存的で軽薄で、男性に従属する女性こそ、「真の女性」だと褒めそやす (Beauvoir 1949a: 27)。それは差別を受けるという立場の帰結でしかない性質を、女性や黒人の永続的な本質であるかのように取り扱うことが支配者層にとっての生命線だからである。

ある個人やある集団が恵まれない状況にあるとき、それらの人々は事実として他人より劣ってゆく。その劣等性は、まさに彼らを劣悪な条件下にとどめおくための口実として重宝される (Beauvoir 1949b: 649)。これは、ボーヴォワールが引くバーナード・ショーの指摘のとおりである。アメリカの白人は黒人を靴みがき以外の職につけない状況に追いやっておきながら、黒人には靴みがき以外の仕事ができないのだと結論づける (Beauvoir 1949a: 27)。彼らの天職は靴みがきなのである。

この悪循環を断ち切るためには、そこに固定的な本質があるという発想を退けなければならない。それは女性やユダヤ人や黒人の本質とされる特徴を、ある状況に対する二次的な反応として理解することである (Beauvoir 1949a: 14)。すなわち、女性の「特徴」とされる信念、価値、知恵、道徳、好み、行動を、女性が置かれた状況の所産と見ることである (Beauvoir 1949b: 511)。これがボーヴォワールによる本質主義批判である。

このボーヴォワールの議論を裏返すと、それがちょうどバトラーの主張になる。バトラーは、背負わされた過去の重みから女性を解き放つ。ジェンダーは、「もはや遠い過去の文化的・心的関係の産物としては理解されない」。ジェンダーとは、「過去と未来の文化的規範を編成してゆく現在の方法であり、これらの規範に対して自分をどう位置づけるかという方法であり、世界において自分の身体をどう生きるかという能動的なスタイルである」（Butler 1986a: 39–40）。

バトラーは「『文化』がジェンダーを『構築する』」といった議論を社会決定論として退ける（Butler [1990]1999: 12）。それは生物学が運命であるという定式における生物学を、社会に置き換えることにしかならないのだと。社会状況の変化に希望を託すボーヴォワール（Beauvoir 1949b: 630）とは対照的に、バトラーは個々の女性が「女になる」プロセスを生成ととらえる。しかし、それを選択の帰結と捉えるなら、現在の女性の姿は女性自身が選びとったものだということになる。つまり、その責は女性に帰せられるのである。

> もちろん、ひとが女性性や男性性という物象化された概念を体現することを選ぶことはありうる。だが、この物象化を選択することによって、ひとはそれを維持することを選んでもいるのである。しかし、この種の努力がつねになされ、その努力へのプレッシャーがつねに存在するということは、この構築物の基盤が恣意的であることの証である。基盤が恣意的であるとは、それが実体としての自己同一的な現実であるという見方が幻想にすぎないということである（Butler 1989: 255–56）。

しかし、女性や黒人の現在のありようは幻想ではなく、また本人たちが選びとったものでもない。「女性たちの状況がごくわずかな可能性しか許さなかった」（Beauvoir 1949a: 27）がゆえに、現在の女性はたしかに男性より劣等である。「女性はつねに自分自身の背後にこの過去を引きずっている」。ジェンダーが「不変の実体」であるという信念の虚構性（Butler［1990］1999: 32）を暴いたところで、この問題は解決を見ない。だからこそ、ボーヴォワールは次のように釘を刺すのである。

> 永遠に女性的なるもの、黒人魂、ユダヤ人気質といった概念を拒絶することは、今日ユダヤ人や黒人や女性が存在するという点を否定することではない。それを否定することは、当事者にとって解放を意味しない。それは非本質的な逃避である（Beauvoir 1949a: 15）。

五．ジェンダーからの自由／ジェンダーへの自由

それでは、バトラーはボーヴォワールの議論をこのように正反対に解釈することによって何をしようとしているのだろうか。バトラーは自身の目論見を、このように説明している。フェミニズムへのボーヴォワールの貢献は現在でも広く認められているものの、彼女の思想はすでに乗り越えられたと見なされがちである。しかし、ボーヴォワールにおける「ジェンダー理論」の意義は、いまなお十分に理解されてはいない。それは彼女の『第二の性』が、もっぱら女性に対する抑圧のみを主題とする著作だと誤解されてきたからである。バトラーはこう指摘し、この著作をジェンダー・アイデンティティについての理論として読むことを宣言する（Butler 1989: 253–254）。

ボーヴォワールにおいて議論の焦点は、男女の置かれた状況の圧倒的な非対称性であった。これに対してバトラーが問題とするのは、すべての人を苦しめるジェンダー規範である。人びとは、男性や女性として適切に振る舞うことができないことで深く傷つく（Butler 1989: 256）。それは「ジェンダーをめぐる順応と逸脱に対する社会的束縛」の深刻さの現れである、と。（Butler 1986b: 508）。

ジェンダー規範が男女をともに抑圧するという観点それ自体は、ジェンダー概念の導入当時からすでに提起されていたものである（Oakley 1972: 15）。しかし、バトラーの議論はここから驚くべき分岐をとげてゆく。女性に対する差別からジェンダー規範による男女の抑圧へと論点をシフトさせたあと、バトラーは「自由としてのジェンダー」について語りはじめるのである。ボーヴォワールの議論は、「規範がいかにジェンダーの自由を行使することをさまたげ、制約するか」についての示唆をわれわれに与えてくれるのだと（Butler1986a: 41、強調引用者）。

第二波フェミニズムにおけるジェンダーとは、まず何より人びとの自由や可能性を切り縮める規範（「ジェンダー役割」）であり、人々を押しこめる「型（mould）」（Oakley 1972: 156）であった。ジェンダーとは、本人のセックスに応じて社会的に割り当てられた役割や資質としての「男らしさ」や「女らしさ」である。それは女

や男はかくあるべしという規範的理念であると同時に、その規範の所産として実際に人びとが身につける役割や特質でもある。ジェンダーとは、このような規範が適用される社会集団の名でもある[1]。

この観点から求められるのは、規範としてのジェンダーからの自由である。つまり、そこで語られるのは、「性差を中心として編成されている社会」への批判であり、「伝統的なジェンダー役割からの解放にもとづく社会」のヴィジョンである（Oakley 1972: 189）。それに対してバトラーが語る「ジェンダーの自由」とは、ジェンダーへの自由と呼ぶにふさわしい。それはジェンダーという制度の温存を志向し、そのなかでの自由の実現を求めるものだからである。

> こうして「既存のジェンダーからの逸脱によって」ジェンダーが混乱する瞬間において、われわれは自分がいまのジェンダーになったのは、まったく必然ではなかったということに気づく。われわれはこの瞬間、男性や女性やその他のジェンダー・アイデンティティを生きることにつきまとう選択の重みと向き合うことになる。これらのジェンダー・アイデンティティを生きる自由は、社会的制約によって困難なものになっている（Butler 1986b: 508）。

すなわち、「ジェンダーの自由」とは、人びとが自分のジェンダー・アイデンティティを自由に生きられることである。かつては自由を拘束する規範であったはずのジェンダーが、バトラーにおいては規範に抗って生きられるべき自由の象徴として登場するのである。その奇妙な議論は、たとえば次のような箇所で示されている。

> ジェンダーに対する限界、すなわち性的に差異化された解剖学的構造についての生きられた解釈の可能性の幅を制限するものとは、解剖学的構造というよりむしろ、解剖学的構造を慣習的に解釈してきた文化的制度であるように思われる（Butler 1986a: 45, 1986b: 510）。

バトラーが考察の出発点としたセックス／ジェンダーの区分に依拠するなら、ジェンダーとは「解剖学的構造を慣習的に解釈してきた文化的制度」そのものである。

しかし、ここでのジェンダーとは「解剖学的構造についての生きられた解釈」であり、むしろ慣習や文化的制度によって制約を受ける側のものである。バトラーにとって、ジェンダーとはもはや規範ではなく、規範によってその可能性を制約されるものなのである[2]。

「女になる」プロセスを生成ととらえるバトラーの解釈は、この転換を準備するものであった。バトラーは、ボーヴォワールの「なる」という動詞を「選択する」と強引に読み換えていた。この読みにしたがうなら、「女になる」ことと「男になる」ことは、行為として等価である。女になることが女になることを選び続ける作業であるなら、男になることもまた同様だからである。こうして「なる」を「つくられる」ではなく「選択する」と書き換えることは、「女」という名詞を「あるジェンダー」と言い換えることを可能にする。つまり、バトラーはボーヴォワールの「女になる」を「あるジェンダーになる」(Butler 1986a: 37,39,45, 1986b: 505–7, 1989: 256–7, [1990]1999: 141–3,182) と書き換え、さらにこれを「あるジェンダーを選択する」(Butler 1986a: 37,40,48, 1986b: 506,508) とパラフレーズするのである。この読み換えは、規範から自由へというジェンダーの位置づけの逆転を可能にする重要な要素である。

バトラーによれば、ジェンダー・アイデンティティを自由に生きる権利は、社会的制約によって不当に制限されている。「ひとは自由で制約のない選択行為をつうじて、あるジェンダーになるのではない。ジェンダー・アイデンティティは、一連の強靭なタブー、慣習、法によって支配されているからである」(Butler 1989: 256)。これがボーヴォワールの読解をつうじてバトラーが提起する枠組みである。この結論を導き出すために、バトラーはボーヴォワールを彼女の意図とは正反対に読む必要があった。ボーヴォワールのように「女になる」ことを「女につくられる」と理解する限り、この種の議論は成り立ち得ないからである。

六．規範としてのジェンダー／自由としてのジェンダー

それでは、人びとが自らのジェンダー・アイデンティティを自由に生きることを妨げている規範とはいったい何なのか。バトラーによれば、それはジェンダーとセッ

クスを結びつける見方そのものである。ボーヴォワールが提起したセックスとジェンダーの分離という視点を突き詰めるなら、そもそもジェンダーとセックスを関連づけるという発想そのものに疑義が呈される。すなわち、「ジェンダーとセックスの慣習的な結びつき」自体が、文化的な拘束の産物にすぎないのではないかとバトラーは問う（Butler 1986a: 45, 1986b: 510）。

> 構築されたものとしてのジェンダーの地位が、セックスから根本的に独立したものとして理論化されるなら、ジェンダーそのものが自由に浮遊する人工物となる。その帰結とは、このようなものである。すなわち、男性や男性的であるということが、雄の身体を意味するのと同じくらい容易に雌の身体をも意味し、女性や女性的であることが、雌の身体を意味するのと同じくらい容易に雄の身体をも意味しうることになるだろう（Butler [1990]1999: 10、強調原文）。

つまり、男性や女性という社会的なカテゴリーを雌雄という生物学的な性別と関連づけること自体にバトラーは異議を唱える。これがボーヴォワールの読解をつうじてバトラーが到達した地点である（Butler 1986a: 35）。バトラーが主張したいのは、本人のセックスとは無関係に自分のジェンダー・アイデンティティを生きる自由である。生物学的に雌である人間が、「女性」以外のジェンダー・アイデンティティを自由に選べないことが問題なのである。「雌の身体は『女性』というジェンダーが恣意的に築かれる座であり、この身体が他のジェンダーが構築される座となる可能性を排除する理由はまったくない」（Butler 1986a: 35）のだと。

しかし、従来のジェンダー定義に依拠する限り、この主張はそもそも成り立たない。従来の定義とは、バトラーが考察の出発点とした第二波フェミニズムにおけるセックス／ジェンダーの区分である。それによれば、セックスとは無関係に割り当てられる社会的役割や資質は、ジェンダーではない。同じく、本人のセックスとは無関係に帰属が決まる社会集団があるとすれば、それはそもそもジェンダーではない。バトラーの言うように、社会的カテゴリーとしての男性や男らしさが、雄の身体と雌の身体と同じ程度で結びつくことはあり得ないのである。生物学的性別に対してニュートラルであるような資質や役割は、「男らしさ」でも「女らしさ」でもない。つまり、それらはジェンダーの内容を構成しない。

もちろん、生物学的女性が「男らしさ」を、生物学的男性が「女らしさ」を担うことは可能である。化粧やスカートを身につけること、職場でリーダーシップを発揮することといった行為と生物学的性別の結びつきが人工的である以上、それは頻繁に起こりうる。にもかかわらず、それらが「女らしさ」や「男らしさ」と見なされるのは、それらが依然として雌や雄という一方の生物学的性別と強く結びつけられているからである。

たとえば、黄色や緑という色は（ピンクやブルーとは異なり）、われわれの社会において生物学的性別と関連づけられていない。よって、それらはジェンダーではない。また、化粧をすることやスカートをはくことが生物学的性別を問わず選択される行為となったとき、それらはもはやジェンダーと呼ばれる理由がない。

よって、ジェンダーという語の内容そのものを変えない限り、バトラーの主張は成立し得ない。バトラーがセックスとジェンダーの根本的な断絶を語るとき、それは従来の意味でのジェンダーとセックスの結びつきを前提としたうえで、セックスとジェンダー・アイデンティティを切り離すことを意味しているのである。

バトラーの議論のミソは、このようにジェンダーという語にふた通りの意味があり、そのどちらで読むかによって内容がまったく変わってしまうという点にある[3]。バトラーはこれらの語義を自在に切り替える。ひとつ目の語義は、第二波フェミニズムの立場に即した「規範としてのジェンダー」である。ふたつ目の語義は、規範に抗って生きられるべきアイデンティティとしてのジェンダーであり、これは「自由としてのジェンダー」である。

バトラーの語る「自由としてのジェンダー」が従来の意味でのジェンダーとセックスの結びつきを前提としているとは、こういうことである。生殖機能と必然的な結びつきをもたない数々の資質や役割が、すでに人びとのセックスに応じて割り振られている。すなわち、社会的カテゴリーとしての「男性」や「女性」が成立している。このような世界においてはじめて、バトラーの議論は意味をなす。セックスを基準として割り振られた社会的カテゴリー（ジェンダー）の存在を前提としたうえで、本人のアイデンティティに沿ってその帰属の変更を認めるべきだというのがバトラーの主張だからである。

したがって、バトラーが「セックスとジェンダーのラディカルな分離」を主張できるのは、「規範としてのジェンダー」を隠れた前提として密輸入する限りにおいてである。ジェンダー・アイデンティティがジェンダーという社会集団への帰属意識である限り、この順序は動かし得ない。

七．ジェンダーというタームにおける語義の反転

読解の冒頭において、バトラーははっきりと第二波フェミニズムのジェンダー定義から出発していた。それゆえ、その議論は一見すると、従来のフェミニズムの文脈を引き継いでいるかのような印象を与える。しかし、実はバトラーにおいてジェンダーという語の第一の語義は、第二の語義へと反転している。これによって従来のフェミニズムの洞察は、バトラー流の「ジェンダー・アイデンティティの理論」によって上書きされることになるのである。

たとえば、ボーヴォワールにおけるセックスとジェンダーの切断について論じられた下記の箇所は、ジェンダーの第一の語義と第二の語義のどちらによっても理解可能である。

> よって、セックス／ジェンダーの区分がその極限において意味するのは、自然な身体と構築されたジェンダーの根本的な異質性である。その結果として、雌で「あること」と女性で「あること」は、まったく別種の事柄であるということになる（Butler 1986a: 35）。

第一の語義で理解するなら、これは生物学的性別と社会的な男らしさ／女らしさの結びつきの恣意性を指摘したものである。社会的カテゴリーとしての「女性」に期待される役割や資質は、生物学的に雌であることとの必然的な帰結ではない、と。一方、この箇所を第二の語義で解するなら、その内容は一変する。それは、（社会的に）女になるのが（生物学的な）雌であるとは限らないという主張になるのである。女という社会集団への帰属は生物学的性別ではなく、ジェンダー・アイデンティティに

よって決定されるべきだという発想である。

> ひとは女に「なる」のだが、つねに文化的強制のもとで女になる。この点についてボーヴォワールは明確である。そして明らかに、この強制は「セックス」に由来するものではない。彼女の記述において、女になる「ひと」が雌でなければならないと規定するものは何もない（Butler［1990］1999: 12）。

議論の出発点となったジェンダー定義が第一の語義である以上、読者は自然とその文脈に沿ってこれらの記述を解釈する。しかし、この語義を念頭においてバトラーの記述を読むと、ある箇所において意味が通らなくなるのである。たとえば、この引用の三文目（「……由来するものではない」）までは、ボーヴォワールや第二波フェミニズムの主張に即して理解可能である。しかし、最後の一文から、バトラーの意図がこれとまったく異なることが明らかになる。

「女になるのが雌であるとは限らない」というバトラーの解釈は、ボーヴォワールの主張ではあり得ない。ボーヴォワールにとって重要なのは、「人間の雌（la femelle humaine）が社会のうちにおいて帯びる姿」（Beauvoir 1949b: 13）であり、「人類が人間の雌から何をつくり出してきたのかを知ること」（Beauvoir 1949a:79）である。彼女によれば、雌が女になるのは運命でも必然でもない。すなわち、「雌の存在（être femelle）のすべてが女性であるとは限らない」。女性であるためには、「女らしさというこの謎めいた危機的な現実」の介在が必要だからである（Beauvoir 1949a:14）。つまり、雌が女になるとは限らない。彼女はここに、「人間の雌」が現在とは違った姿になりうる未来への希望を賭けている。

一方、バトラーにとって問題なのは、自分の属するジェンダー・カテゴリーを自由に選択できるかどうかである。「男性」や「女性」以外のジェンダーの可能性を認め（Butler 1986a: 47）、それらを選べるようになればよいというわけである。この主張を成り立たせるためには、カテゴリーとしての男女間のヒエラルキーをあらかじめ取り去っておく必要がある。女性になること、男性になること、そしてその他のジェンダーになることを「あるジェンダーを選択すること」として一括するには、それらのカテゴリーが選択の対象として同じ水準に位置していなければならない。バトラーがボーヴォワールの「つくられる」を「選択する」と読み替えたのはそのためである。ボーヴォワールが強調するとおり、「女につくられる」ことと「男につくられる」ことは正反対のプロセスだからである。

八、おわりに

バトラーはこの「ジェンダー・アイデンティティの理論」を導き出すために、ボーヴォワールの洞察の根本的な部分を抹消しなければならなかった。それがこの議論の本質を物語っている。ボーヴォワールにとって、性差別と人種差別や階級差別とのアナロジーは重要な手がかりであった（Beauvoir 1949b: 52, 92, 609-610, 630, 639）。これをバトラーの議論に当てはめてみると、その主張の荒唐無稽性は明らかである。すなわち、人びとが人種アイデンティティを肌の色とは無関係に生きられないことが問題である。階級への帰属を、経済状況ではなく自分のアイデンティティにもとづいて選べないのは不当である、と。

もし人種や階級に関するこの種の主張にわれわれが違和感を覚え、性別についてはそうでないとするなら、それはなぜなのか。人種や階級が権力関係と不可分であることは認識されやすいのに対して、性別がそれらと同種の社会集団であるという事実は不可視化されがちであった（Connell 1987: 50-1）。「自分のジェンダーを自由に生きる」というバトラーの発想に疑問を抱かないとすれば、われわれはふたたびこの基本的な事実を忘却しているのである。したがって、いま一度確認しておかなければならない。ジェンダーとは、集団間の序列をともなう社会集団である。

> カースト制度と同じく、ジェンダーとは社会的帰属の問題である。この帰属は個人自身の性質や生まれもった能力とは必然的な関わりをもたない。この意味において、ジェンダーと「カースト」は社会学的に見て同一である。カースト制度は変化に抗って存続してきた。これと同じ性質が、ジェンダーにも備わっている（Oakley 1972: 204）。

ボーヴォワールをその先駆とする第二波フェミニズムと、バトラーの立場の違いはこの認識にある。ボーヴォワールは現在の社会における女性を、「馬鹿げた慣習によって生み出された半奴隷」（Beauvoir 1949a: 378）と呼び、性別という集団をカーストに例えた（Beauvoir 1949a: 23, 27, 1949b: 613, 649）。このジェンダーとカースト制度のアナロジーに依拠するなら、バトラーの主張とはカースト制度を存続させたまま、人びとが自分の属するカーストを自由に選べるようにすればよいというものである。「自分のカースト・アイデンティティを生きる自由」が保証されるべきだというわけである。

「女になるのが雌であるとは限らない」というバトラーの立場は、女というカーストの存在を問題視しない。そのカースト内に含まれる人間の構成が変われればよいという発想だからである。バトラーが構想する未来とは、カースト間の自由な往来により、カーストという集団が意味を失う世界である（Butler 1986a: 47, 1989: 260,［1990］1999: 151）。しかし、これは結論を前提のなかに織りこんだ誤推論にすぎない。自由に帰属先を選べるカースト制度とは語義矛盾だからである。もし自分がどのカーストで生きるのかを自由に選べる社会があるとするなら、それはすでにカースト制度が存在しない社会である。

七〇年代にセックス／ジェンダーの区分が導入されたとき、それはジェンダーというカースト制度そのものの廃絶を射程として含んでいた。その先駆たるボーヴォワールもまた、「ひとは女に生まれるのではない、女になるのだ」という一節によって、「人間の雌」が女につくられることは生物学的運命ではないと論じた。これに対して、バトラーにおけるジェンダーとは規範に抗って生きられるべき自由の象徴である。バトラーにとって擁護されるべきは、「ジェンダーからの自由」ではなく、「ジェンダーへの自由」なのである。第二波フェミニズムが語る「ジェンダーのない社会」（Rubin 1975: 204）に対して、バトラーはほとんど何の関心もしめさない。バトラーが希求するのは、あくまでも現在とは異なるかたちでジェンダー化された世界（alternatively gendered worlds）であるにすぎない（Butler［1990］1999: xxxiii）。人々が自分のジェンダー・アイデンティティを自由に生きるためには、ジェンダーという制度の存在が不可欠だからである。

その意味において、バトラーはボーヴォワールや第二波フェミニズムの立場と真っ向から対立する。だからこそバトラーはこの主張を引き出すために、ボーヴォワールの意図を正反対に捻じ曲げなければならなかった。本稿が明らかにしたバトラーの誤読は、われわれがそこで抹消された洞察に立ち戻るべきことをしめしている。われわれは「規範としてのジェンダー」からの解放、すなわち「ジェンダーからの自由」という視点へといまこそ回帰すべきなのである。

【注】

(1) たとえば、次の Oakley（1972）の記述には、この「らしさ」という意味でのジェンダーと社会集団としてのジェンダーの両方が含まれている。「すべての社会において、生物学的セックスはジェンダーへの帰属の基準として用いられるというのは正しい。しかし、このシンプルな出発点を除いては、あるジェンダーと別のジェンダーがどう異なるのかという点について、まったく同じ認識を共有している文化はふたつとないだろう。言うまでもなく、どの社会でも自分たちによるジェンダーの定義が、セックスの生物学的な二元性に対応するものだと信じられているのである」（Oakley 1972: 158）。

(2) 次の箇所でも同様の立場が示されている。「既定のジェンダーを離れ、もう一方のジェンダーの領域に足を踏み入れることには、苦悩や恐怖がつきまとう。これはジェンダー解釈に加えられた社会的制約の証であると同時に、そこに解釈が存在する必要があること、すなわちジェンダーの起源にある本質的な自由をしめすものでもある」（Butler 1986b: 508-509, 強調原文）。ここでもジェンダーは社会的制約そのものではなく、むしろ制約を被るもの（「ジェンダー解釈」）として位置づけられている。

(3) より正確に言うと、セックスそれ自体を産出する装置としてのジェンダーという第三の意味もある（Butler [1990]1999: 11）。しかし、本稿で考察する範囲に関わるのは上記の二つの語義であるため、これについては扱わない。

【文献】

邦訳のあるものは、訳出にあたって参考にさせていただいた。記して感謝したい。

Beauvoir, S., 1949a, *Le deuxième sexe, tome I : Les faits et les mythes [folio essais]*, Gallimard.（= 2001,『第二の性』を原

文で読み直す会訳『決定版　第二の性〈1〉事実と神話』新潮文庫)
――, 1949b, *Le deuxième sexe, tome II [folio essai]*, Gallimard. (= 2001,『第二の性』を原文で読み直す会訳『決定版 第二の性〈2〉体験(上)』新潮文庫)
Butler, J., 1986a, "Sex and Gender in Simone de Beauvoir's *Second Sex*," *Yale French Studies*, No. 72, 35-49.
――, 1986b, "Variations on Sex and Gender: Beauvoir, Wittig, and Foucault," *Praxis international*, Vol.5(4), 505-516.
――,1988, "Performative Acts and Gender Constitution: An Essay in Phenomenology and Feminist Theory," *Theatre Journal*, Vol. 40(4), 519-531.
――,1989, "Gendering the Body: Beauvoir's Philosophical Contribution," A. Garry & M. Pearsall [eds.], *Women, Knowledge, and Reality: Explorations in Philosophy*, Boston: Unwin Hyman.
――, [1990] 1999, *Gender Trouble: Feminism and the Subversion of Identity*, Routledge. (= 1999, 竹村和子訳『ジェンダー・トラブル――フェミニズムとアイデンティティの攪乱』青土社)
Connell.R.W., 1987, *Gender and Power: Society, the Person, and Sexual Politics*, Stanford University Press. (= 1993, 森重雄ほか訳『ジェンダーと権力:セクシュアリティの社会学』三交社)
江原由美子『ジェンダー秩序』勁草書房、二〇〇一年
L., Ellena & Gaussot, L., 2001, "*Le Deuxième sexe*, les recherches féministes et la sociologie française," *Simone de Beauvoir studies* 17, 20-30.
Haraway, D., 1991, *Simians, Cyborgs, and Women: The Reinvention of Nature*, London: Routledge. (=2000, 高橋さきの訳『猿と女とサイボーグ』青土社)
Mead, M., [1935] 1977, *Sex and Temperament in Three Primitive Societies*, London: Routledge & Kegan Paul.
Millett, K., 1970, *Sexual Politics*, New York: Doubleday & Company.(=1973, 藤枝澪子ほか訳『性の政治学』自由国民社)
Oakley A.,1972, *Sex, Gender and Society*, London: Temple Smith.
Rubin, G., 1975, "The Traffic in Women: Notes on the "Political Economy" of Sex," R.R. Reiter [ed.], *Toward an Anthropology of Women*, New York: Monthly Review Press, 157-210. (= 2000, 長原豊訳「女たちによる交通」『現代思想』28(2), 118-159)
Scheu, U.,1977, *Wir werden nicht als Mädchen geboren - wir werden dazu gemacht*, Frankfurt am Main: Fischer Taschenbuch Verlag.
上野千鶴子『差異の政治学』岩波書店、二〇〇二年

(本研究はJSPS科研費JP21K13456の助成を受けたものです。)

■研究ノート

奥地圭子と民間教育運動
――『ひと』掲載の授業記録における子どもとの関係性に着目して

田中佑弥

はじめに

奥地圭子（一九四一年生まれ）は、横浜国立大学学芸学部を卒業後、東京で小学校教師となり、一九八五年に日本を代表するフリースクールである東京シューレを開設したことで知られている。これまで奥地が中心的な研究対象として取り上げられることは少なかったが、近年は奥地を主題とする研究が蓄積されてきている[1]。特に香川七海の論文「戦後教育史における「教育の現代化」から総合学習・オルタナティブ教育への連続性」は、奥地を教育史に位置づけようとした意欲的な研究であり、民間教育運動による「教育の現代化」が奥地に与えた影響を彼女の授業記録を検討することにより明らかにしている[2]。香川は、奥地が「学校教育の枠組みを超えて、オルタナティブ教育へと進む背景には、総合学習で追究した価値観が影響を与えていた[3]」、「「現代化」の教科体系が変質しながら後代に引き継がれていく様相を描出することが可能である[4]」として、教科体系の連続性を重視する観点から、東京シューレの開設を民間教育運動の系譜に位置づけている。

たしかに奥地は、教育科学研究会社会科部会や、後に同会から独立した「社会科の授業を創る会」に参加し、その影響下で授業実践を行っていた。しかし、小学校教員を退職し、フリースクールを開設するという大きな転回に至る過程においては、民間教育運動からの影響だけでなく、当時の民間教育運動に対する批判的な問題意識があったのではないだろうか。先行研究が奥地の授業記録を検討することによって民間教育運動の影響を明らかにし、奥地を民間教育運動の系譜に位置づけたのに対して、本稿では奥地が民間教育運動に対する批判的見解を表明していたこと、そして、その批判的な問題意識を基に子どもとの関係性を強調していたことを検討する。

検討の対象とするのは、教育雑誌『ひと』における奥地の記述である。『ひと』は、一九七三年に数学者の遠山啓を編集代表として創刊され、二〇〇〇年まで太郎次郎社から刊行された。奥地は、創刊から東京シューレを開設する一九八五年までのあいだに頻繁に寄稿するほか座談会にも参加している(5)。奥地の初の単著である『女先生のシンフォニー』（太郎次郎社、一九八二年）に所収されている論考の初出がすべて『ひと』であるように、東京シューレ開設以前の奥地にとって『ひと』は最も重要な媒体であった。

なお、田中佑弥も『ひと』における奥地の記述に着目し、自身の子どもの登校拒否など奥地の個人的経験による教育観の変容過程を明らかにしているが(6)、民間教育運動に対する批判的見解、子どもとの関係性の強調についての詳細な検討はなされていない。また、南出吉祥は論文「フリースクールの位置づけをめぐる教育実践運動の課題」において、学校教育運動と地域教育運動の合流として『ひと』を位置づけ、フリースクールをその結節点としているが(7)、香川と同様に民間教育運動に対する奥地の批判的見解、子どもとの関係性の強調については検討していない。

次節以降では、奥地が『ひと』において民間教育運動に対し、どのような批判的見解を表明していたか（一節）、子どもとの関係性をどのように強調していたか（二節）を検討する。そして最後に、研究と実践に対する本稿のインプリケーションについて述べる。

一．民間教育運動に対する奥地の批判的見解

本節では奥地が民間教育運動に対して、どのような批判的見解を表明していたかを検討するが、その前に民間教育運動について確認しておきたい。宗像誠也は教育運動を「権力の支持する教育理念とは異なる教育理念を、民間の、社会的な力が支持して、種々の手段でその実現

をはかること」[8]と定義しており、宗像による教育運動の分類を広瀬隆雄は以下の四つに整理している。それらは、①教科の内容や方法の研究活動を主たる目的にする民間教育運動、②教師の生活と労働条件の改善をめざす教員組合運動、③教育の条件整備を要求する国民の教育運動、④教育政策の変更を求める教育運動である。[9]本稿でも、この概念整理を採用する。つまり、民間教育運動を教育運動のサブカテゴリーである「教科の内容や方法の研究活動を主たる目的にする民間教育運動」として捉えることにする。

民間教育運動についての代表的な研究である大槻健『戦後民間教育運動史』は、日本民間教育研究団体連絡会（一九五九年結成）の加盟団体を研究対象としている。[10]それらは、歴史教育者協議会（一九四九年結成）、数学教育協議会（一九五一年結成）、科学教育研究協議会（一九五四年結成）、教育科学研究会[11]などの諸団体である。

（一）民間教育運動についての座談会

奥地が民間教育運動に対する認識を最も語っている文献は、『ひと』一九八四年八月号に掲載された座談会「明日の授業を創るために――戦後教育の流れを検討する」である。[12]一九八四年度は奥地が小学校に勤務した最後の一年間であるため、翌年に東京シューレを開設する奥地が小学校教師として民間教育運動をどのように認識していたのかを検討するにあたって、この座談会は適切な分析対象である。

座談会では民間教育運動についての定義は示されていないが、参加者は数学教育協議会、教育科学研究会、科学教育研究協議会、歴史教育者協議会を例示している。[13]司会に次いで発言した木幡寛は、「数教協の成果を固定的にとらえていては、現代の子どもたちに通用しないのではないか[14]」と問題意識を述べている。『ひと』が数学教育協議会の初代委員長であった遠山啓によって創刊されたこともあるだろうが、民間教育運動の代表例として数学教育協議会が捉えられており、奥地も遠山の数学教育について言及している（この点については後述する）。

（二）座談会における奥地の発言

奥地は一九八〇年代に民間教育運動に対して、批判的見解を表明するようになるが、(15)元来は民間教育運動の熱心な参加者であった。小学校教師になった頃には、斎藤喜博が校長を務めた島小学校（群馬県）に関する文献を熱心に読み、斎藤の自宅で開催された授業研究会にも参加していた。(16)多くの民間教育運動に参加し、「授業とは、こんなにおもしろいものか、と心底体験したのは、結成当初からかかわった教育科学研究会・社会科部会(17)」であると述べているほか、水道方式（遠山啓が主唱した数学教育）、戸塚廉の『おやこ新聞』からも影響を受けたと述べている。(18)

『ひと』での座談会において奥地は、「教科書とか指導書とかのとおりに教えてみても、それはぜんぜんうまくいかない、つまらなかった。ところが、いろいろな民間教育運動で自主編成され、研究された教え方や、あるいは教材選択の観点でつくられた内容でやると、たしかに子どもたちの動きや授業がぜんぜんちがったものになる……それからは、かなり夢中になって民間教育運動のなかで仕事をしてきた(19)」と述べている。

その後の転機として奥地は、養護学校義務化と登校拒否を挙げている。養護学校義務化については、「自分の目のまえにいる子どもたちは、すでに選択されていて、いっしょにやっていくのに望ましくないとされた子は、すでに養護学校なり特殊学級なりにやられてしまっている。……そこで授業を工夫したりするということはどういうことなのだろう(20)」と問題意識を述べている。

登校拒否については、「自分の子どもが登校拒否になって、さらに、こんどは自分の子どもだけではなく、たくさんの登校拒否の子どもとか、その親たちとかかわるようになって、学校ってなんだろうと、ほんとうに考えるようになった(21)」ことを明らかにし、以下のように述べている。

民間教育運動からなにを学んだかということも、ピンからキリまでいろいろあって、生前に遠山啓先生が嘆かれていたのは、タイルで子どもの頭をたたく教師がいるということでした。そういうことは、かなり現場のなかでは起こったわけですよ。『わかるさんすう』を使っていれば、教科書どおり教えている教師よりはいい教師だみたいな思いあがりが育っていたように思います。

私は、とくに登校拒否や落ちこぼれの側からいうと、かなり授業研究などをしている教師が、むしろ自分はこれほど授業の工夫をしているのだから、それについてこれない子どもはおかしい、そこから脱落している子どもは問題児である、といった見方をつよめているように思うのです。[22]

奥地は、授業研究だけでは十分ではなく、子どもとの関係性が重要であることを強調している。このような問題意識から奥地は、「なにかができるようになったり、わかるようになったりすることの以前に、その土台のところで、できたりわかったりしなければいけないのだろうか、わからないことはふしあわせなんだろうか、できることが絶対しあわせなんだろうか、という問い返しがなければいけない[23]」、「教育というのは、国家が用意したものを子どもたちに伝達するとか、……民間側がつくったもの、あるいはだれかが用意したものを子どもに伝達していくのではない[24]」、「いま子どもたちが求めているのは、教師が用意した〝楽しい授業〟とか、〝わかる授業〟とかいうものではなく……教師と子どもとの人間同士のかかわり方そのものではないか[25]」と述べている。

当初の奥地の関心は、教師が教科体系に基づいて適切に児童生徒の発達を援助することにより誰もがわかる楽しい授業であったが、一九八〇年代前半には子どもとの関係性を強調するようになっていった。次節では、この点を奥地の授業記録に着目して検討する。

二．奥地の授業記録における子どもとの関係性

『ひと』には奥地の授業記録が六編掲載されている[26]。「えんぴつができるまで」（一九八〇年八月号）と「川と人間」（一九八二年七月号）は、「社会科の授業を創る会」の影響下で実施された授業である[27]。他の四編は奥地が「いのち」の授業と呼ぶ実践である。本節では、奥地がどのように子どもとの関係性を強調していたかを検討するために、通例では授業記録に書かれることのない子どもとの関係性が詳述された二編を取り上げる。一つは「川と人間」、もう一つは奥地の最後の授業記録であり、「いのち」

の授業の集大成である「授業・かけがえのない、この〝いのち〟」（一九八五年二月号）である。[28]

（二）「川と人間」の授業

「川と人間」は、江戸川を事例にした川についての授業である。川は「社会科の授業を創る会」で重視されていた教材であった。[29]『ひと』一九八二年七月号は「社会科の授業」を特集しており、「川と人間」は「新しい授業への招待」として掲載された授業記録の一つである。奥地のほかに、木幡寛による川についての授業、小林富江による武士についての授業の記録も掲載されている。[30]

奥地の「川と人間」には、通常の授業記録とは異なる特徴がある。それは、授業内容とは直接的関係がないにもかかわらず、奥地が担任していた四年生の児童Kの個人的状況についての記述から授業記録が始まり、Kとの個人的交流についての言及で授業記録が終わっていることである。[31] 全十七頁のうち冒頭の三頁はKの個人的状況について書かれているほか、随所にKに関する言及が見られる。木幡と小林の授業記録にも、児童生徒の授業内での発言や感想、ノートに書かれた推論などは記載されているが、それらは授業内容に関するものであって、児童生徒の個人的状況については記載されていない。

「川と人間」では、Kについて以下のように記述されている。Kは父との二人暮らしであったが、父の帰りは遅く、帰ってこない日もあった。Kは一人でインスタント・ラーメンやパンを食べていたが、食事代をもらえなかった日は空腹のまま過ごすこともあった。奥地がKのアパートを訪ねると、足の踏み場もないほど散らかった部屋で、「昼間から酒で赤くなったお父さんが、こたつに足を入れてテレビに見入っているときもあった」[32]。Kは父を嫌い、家出を繰り返した。「あるときは、一週間も家へ帰らず、駐車場の車のなかや、トラックのホロの下や、空地のダンボールのなかで寝て、朝になると学校へくるという、そんな日々を送った。……食べものは、朝はぬき、夜は、こういうときのために、わずかのこづかいをためていたのを使った。それがなくなると、トラックにつんであった魚のかんづめを小石でたたきあけて食べたり、たまには、スーパーでさつまいもを万引きして生でかじったりした」[33]。

Kの授業態度については以下のように述べられてい

る。「こんなKであったから、授業なんて、どうでもよかった。どんなに先生におこられようが、ほめられようが、友だちに責められようが、彼にとっては授業は意味がなかった。彼がまったく授業に参加しない背景にはそんなことがあったのだった。たまに計算問題などを一、二題やりだすときもあったが、少しわからなかったり、まちがえたりすると、もう二度とやろうとしなかった(34)」。「ずる休み」をしたKをクラスメイトが一斉に責め立てることもあった。このときのことを奥地は以下のように書いている。

私は、必死の気持ちをこめて、強い口調でみんなに言った。「Kがずる休みしたとしても、そうやってみんなが、せっかく学校にきたKを責めたらどうなる？もう来たくなくなっちゃうでしょう。家でも一人ぼっち、学校でも責められる。Kがいやになる気持ち、先生にはわかるような気がする。Kの悪いところは先生もなおしていきたいけど、責めないでなおすやり方もあると思う。みんな、Kが、あー、学校に行きたいなと思うような組にしようよ」

そしたら、Kが突然、はげしく泣きはじめた。学級中がしーんとなった。泣き声だけが教室にひびいた(35)。

自身の子どもが登校拒否であった奥地は、「ずる休み」をしたKを気に掛けていた。Kのアパートは川の近くにあり、Kは土手でよく遊んでいた。学校を休んだ日も土手に行ったことを書いたKの作文を読んで、奥地は「彼の話に始終でてくる土手のことや、川のことが、彼にとって、心を安らかにできるだいじな場所であることを発見した(36)」。奥地は以前から川についての授業を構想していたが、Kとの関わりを通して、「Kのために、川の授業をやろう。Kが授業にはいりこめるような授業、Kが学んだあとで、川に立ったとき、まえとはちがった広がりで川のことを感じるような授業をしたい(37)」と考えた。これが「川と人間」の冒頭三頁においてKについて詳細な記述がなされている理由である。

奥地は「川と人間」の以前にも社会科の授業記録である「えんぴつができるまで」を『ひと』一九八〇年八月号に寄稿しているが、こちらには児童の個人的状況に関する記述は見られない。「川と人間」は、民間教育運動が創出した教科体系に基づいて練り上げられた実践であると同時に、奥地が強調する子どもとの関係性についても紙幅が割かれている過渡期の授業記録であると評価することができる(38)。

全十八時に及ぶ「川と人間」の授業のハイライトは、江戸川沿いを河口まで歩く校外学習である。この校外学習は、下流の町や河口の様子の観察、川の長さを実感的に捉えることを目的としていたが(39)、Kの様子についても奥地は以下のように記述している。

土手をくだるとき、先頭を歩いている私のそばにきて、「おれ、この道よく知ってるから、案内がかりー！」などとおどけて歩きながら、私にしゃべりかけてきた。……やがて、河口が近づいてきたとき、「よし、一番につくぞ」と猛烈に走りはじめ、彼の姿はみるみる小さくなっていった。私がやっとおいついたときには、「先生を待っていてやった」といって、広い道路のまんなかにねころんでいた。「力をつかいはたしたから、もう一歩もすすめない。着いたから、ここでねている」という。ところが、いっしょに一番のりした数人の友だちのうちのAが、「クラゲだ」と大声をあげると、とびおきて走っていった(40)。

奥地は下流の町や河口の様子だけでなく、このようにKの様子についても詳述している。その後、父の都合で転校したKについて奥地は、授業記録の最後で以下のように述べている。「行ったさきの学校でなじめず、こんどは家にも学校にもよりつかず、ついにある施設に入れられている。私は彼に二週間さきの日曜日に会いにいくことになっているのだが、私の授業が、彼に何ほどの意味をもったか、私は問いなおしつづけている(41)」。

「川と人間」で奥地は、担任していた「障害児のT」についても以下のように記述している。

Tちゃんは、途中、あっちこっちわきみちへそれようとしたり、ターッとかけていって、あわてさせたりした。でも、最後まで歩きとおしただけでなく、教室にいるときよりずっと晴れやかな明るい顔をしていた。子どもたちが「先生、Tちゃん、何かいきいきしているね。学校にいるよりうれしいみたいね。なんかのびのびしてる」というので、私はドキンとした[42]。

「川と人間」において個別の配慮を要するKやTについて詳述している点は、奥地の重要な独自性である。学習指導案は、個別の配慮を要する児童生徒ではなく、指導者の意図を酌んで鋭い問いを発する聡明な児童生徒の反応を主に想定して書かれていることが多いように思われる[43]。

校外学習の前に教室で実施された川についての授業は、障害のあるTや家庭環境に恵まれず学習が遅れがちであったKにとって、どのようなものであったのか。どうすれば授業を彼らにとって有意義なものにすることができるのか。「川と人間」の授業は民間教育運動が創出した教科体系に基づいて練り上げられた実践であったが、このような省察に紙幅を割いている点に独自性が認められる。

なお念のため付言しておくが、授業記録に児童生徒の個人的状況が記述されていなければ、子どもとの関係性が軽視されているということではない。出版された多くの授業記録は、児童生徒との良好な関係性が望ましいことを前提に、他の教員が授業実践の参考にできるように指導方法に重点を置いて記述され、児童生徒の個人的状況は捨象されてきたのではないかと思われる。指導対象のクラスに配慮を要する児童生徒がいたとしても、それは各々の教員が個別に対応すべき問題であるとされ、どのようにクラス全体を指導し、授業内容を理解させるかという点に民間教育運動の主要な関心は向けられてきたのではないだろうか[44]。この点についてはなお検討を要するため別稿での課題とするが、ここでは奥地が「川と人間」の授業記録において通例では書かれることのない児童生徒の個人的状況を詳述した点を強調しておきたい。

（二）「いのち」の授業

『ひと』一九八五年二月号に掲載された「授業・かけがえのない、この〝いのち〟」は、奥地の小学校教師としての最後の授業記録である。一九八四年八月十七～二十日に、全国「ひと塾」（合宿形式の研究会）が沖縄県恩納村の安富祖小・中学校で開催され、奥地は十八、十九日に社会科の研究授業をする予定であった[45]。しかし、両日ともに台風警報が発令されて子どもが登校できなかったため研究授業は中止され、大人だけでの「授業づくりの講座」に切り替えられた(46)。「沖教組中頭支部・第四回公開授業研究会」として奥地が沖縄市立島袋小学校で授業をすることになっていた八月二十日は午前八時に警報が解除され、研究授業が実施されることになった(47)。

この授業は奥地の授業実践の集大成と言えるものであるが(48)、ここで注目したいのは研究授業に参加した子どもとの関係性を省察した奥地の以下の記述である。

子どもたちが登校できるものかどうか、当日の朝までわからなかった。そして、数十分遅れて、ともかく子どもたちがそろったところで授業がはじまったのだった。席にはずいぶん空席がめだっていた。

子どもたちのまえに立ったとたん、私は、やっぱりこういうことをやってはいけなかったのではないか、と思った。子どもの眼が、「ぼくたち、なんで夏休みに、ほんとうは休みなのに学校へ来て、授業しなくてはいけないの」と言っているのを感じた。しかも、広い体育館のまんなか、それも身体とあわないおとな用の会議机がまえむきにならべられているところに座り、ぐるりを知らないおとなたちにとりかこまれて、知らない先生と授業する。やっぱりこれは、子どもにとってはおしつけの場であり、教師のためにやらされた研究授業だった。私はほんとうに申しわけなくて、「きょうはありがとう。先生たちのために来てくれて」ということばを言うことで、ためらいをやっとふっきった(49)。

より優れた実践のための研究授業が子どものためにもなると考えることもできるだろうが、奥地は警報が解除されたばかりの夏休みの朝に体育館に集まった子どもたちを前にして、教師のための研究授業が子どもに押しつけられていると感じた。このような経緯も一因であるのだろうが、奥地は授業の冒頭で「私の授業では、いねむりしても、教室から出て行ってもいいよ。おしっこに行きたくなったら自由に行って」という旨の発言を行い、この発言は当該学級の担任や参観者に驚きをもって受け止められた(50)。

「授業・かけがえのない、この〝いのち〟」は、授業内容の記述方法は他の授業記録と比べて特に変わった点はないが、最後の三頁で当該学級の担任への感謝とともに批判が述べられている点が異例である。授業前に担任が「沖縄の子たち、とくにこのクラスは口が重いですよ。発表力のある数人の子たちは休んでいるし」と話したことについては、「べつに、活発で、元気のいい授業をしなくてはいけない、ということはない」と授業記録に書いている(51)。

授業後の様子については、奥地は以下のように記述している。

担任の先生は、最後まで気にしておられた。「やっぱり、思ったとおりでした。ふだんの指導が悪いので、発表力のない子たちですみません」と。……私は、子どもたちに発表力がないとは思わないし、おもしろかった。私が欲ばらなければ、もっとゆっくり表現してもらうこともできた。……先生のことばに、そんな見方をしなくていいんじゃないの？ と私は思った。ふっと、研究授業ってなんなのだろうと、また疑問が頭をかすめた。そこへ、がっくりすることがおきた。

「奥地先生にお礼を言いましょう」と担任の声が子どもたちにかかったのだ。とんでもない、お礼をいうのはこっちだ。だから、はじめにはっきり言ったではないか――。でも、私の制止はまにあわず、子どもたちは、「ありがとうございました」と、いっせいに声をそろえて、言わされていた。……礼儀正しく、他人思いの心づかいから出た指示なのだろうが、子どものための教育研究の場で、かりにもこれだけの思いを子どもにさせて、そのうえ、そんなことをさせてはいけないと私は思う(52)。

外部講師である奥地への御礼の挨拶を促した担任の指示は学校において奇異なものではないだろうが、奥地は「そういう子どもとの関係をつくってしまった、私自身への自戒のつもりなのである(53)」と述べながら担任を厳しく批判している。最後の授業記録の終結部で奥地が強調したのは、子どもとの関係性であった。

研究授業が首尾よく終われば、授業者の学習指導の卓越性、担任の日常の指導の適切性が印象づけられるであろうし、そうでない場合は授業者や担任の資質が問われることもあるだろう。研究授業での子どもたちの「発表力」が奥地の指導力不足によるものではないことを伝えるために担任は奥地に詫びたが、奥地にとって重要であったのは、子どもたちに活発に発表させることによって自らの学習指導の卓越性や教科体系の完成度を示すことではなく、子どもたちとの関係性を丁寧につくりあげることであった。

おわりに

奥地は民間教育運動に精力的に参加し、教育科学研究会社会科部会や「社会科の授業を創る会」の影響下で授業実践を行ってきたが、東京シューレ開設の前年（一九八四年）に『ひと』に掲載された座談会で、民間教育運動に対する批判的見解を表明した。民間教育運動に対する奥地の姿勢が変化した契機は、養護学校義務化によって障害のある子どもが通常学級から排除されたこと、登校拒否の当事者との関わりを通して授業から脱落する子どもへ着目するようになったことであった。

奥地の当初の関心は、教師が教科体系に基づいて適切に児童生徒の発達を援助することにより誰もがわかる楽しい授業であったが、一九八〇年代前半には子どもとの関係性を強調するようになっていった。この点は、本稿が着目した授業記録においても認められる。

川は「社会科の授業を創る会」で重視されていた教材であり、奥地は川についての授業を以前から構想していた。家庭環境に恵まれず勉強が遅れがちであった児童Kとの関わりを通して、川がKにとって心安らぐ場所であることを知ると、奥地は「Kのために、川の授業をやろう」と決意した。Kや障害のあるTにとって、校外学習の前に教室で実施された授業は難しい面があったかもしれないが、校外学習に最後まで参加してクラスメイトとの交流を深めることができた彼らの姿を奥地は詳細に記述し、授業を彼らにとってどのように有意義なものにできるかを省察していた。「川と人間」は、民間教育運動が創出した教科体系に基づいて練り上げられた実践であると同時に、奥地が強調する子どもとの関係性についても紙幅が割かれている過渡期の授業記録であると評価することができる。

奥地の小学校教師としての最後の授業記録であり、奥地の授業実践の集大成である「いのち」の授業は、研究授業として沖縄の小学六年生を対象に実施された。授業記録には授業内容が詳細に記述される一方、最後の三頁は研究授業の成否を気にする当該学級の担任への批判が述べられていた。奥地の関心は、研究授業において当該学級の児童に活発に発表させることで、自らの学習指導の卓越性や教科体系の完成度を示すことではなく、台風が去って警報が解除されたばかりの夏休みの朝に体育館に集められた子どもたちとの関係性を丁寧につくりあげることにあった。それは、奥地が授業の冒頭で研究授業に参加した子どもたちに感謝を伝え、居眠りや離席の許容を宣言したことや、奥地への御礼の挨拶を子どもたちに促した担任の指示を制止しようとしたことに表れている。

先行研究は奥地の授業記録を検討することによって民間教育運動の影響を明らかにしたが、奥地は精力的に民間教育運動に参加する一方、民間教育運動に対する批判的見解を表明していた。そして、その批判的な問題意識を基に子どもとの関係性を強調していたことを本稿は奥地の授業記録を精読することによって明らかにした。この知見のインプリケーションは以下の通りである。

第一に、フリースクールに関する研究に対するインプリケーションである。日本学術会議は二〇二〇年に提言「すべての人に無償の普通教育を――多様な市民の教育システムへの包摂に向けて」を発表し、不登校児童生徒などの教育機会確保を主張した。近年、フリースクールをはじめとする多様な学びの場が教育機会確保の観点から研究対象として注目されているが、その場における子どもとの関係性は十分に考慮されていないように思われる。フリースクール開設に向けての助走期間である一九八〇年代前半に奥地が強調したのは、教科体系や教育機会確保など、学習指導の改善ではなかった。フリースクールは、学校に適応できない子どもの「アクティベーション」[54]を目的に大人が子どもを指導する場ではなく、むしろその関係性が問われる場であった[55]。本稿の研究対象は奥地のみではあるが、日本を代表するフリースクールの創設者が一九八〇年代前半に子どもとの関係性を強調するようになったことは、日本のフリースクールの位置づけを検討するにあたって重大な示唆を与える徴候である。

第二に、不登校の子どもの支援に対するインプリケーションである。文部科学省は二〇二三年に「COCOLOプラン」を発表した[56]。同プランは不登校特例校（不登校児童生徒を対象とする特別の教育課程を編成して教育を実施する学校）などの多様な学びの場の増設によって「不登校児童生徒が学びたいと思った時に学べる環境の整備」を実現しようとしている。不登校児童生徒数が過去最多を更新し、多様な学びの場が必要とされているが、不登校特例校において特別の教育課程が編成されたとしても、その教育課程がどのような子どもとの関係性において実施されるかが重要である。

一九九二年に学校不適応対策調査研究協力者会議（文部省の有識者会議）が発表した報告書は、「教師と児童生徒が人間愛で結ばれ、学校が児童生徒にとって自己の存在感を実感でき精神的に安心していることのできる場所――「心の居場所」――としての役割を果たすことによって、学校は社会の中で一層の信頼を勝ち取ることができるのである」[57]としていたが、この理想は未だ実現されていない。「心の居場所」から三一年後に文部科学省が提唱する「COCOLOプラン」について『読売新聞』は以下のように報じている。「子供の心の動きを把握するため、アンケートのほか、小中学生に一人一台配布されている学習用端末の活用などを推奨した。大阪市教育委員会では、二十年から小中学校でアプリを使い「心の天気」を把握しようとしている。子供がその時の気分や気持ちを「はれ」や「あめ」などと書き込み、学校や教員らが「SOS」の早期発見につなげている。このほか、教員への相談のしやすさなどを評価する仕組みを全国の学校に広める。文科省の「子どももみんなプロジェクト」は、「この学校の先生は、いじめなどをしっかりと注意してくれる」「この学校の決まりは、だれに対しても公平だ」など三二項目を児童生徒が五段階で評価する。同省では、こうした測定ツールを普及させ、子供にとって居心地の良い学校を増やしたい考えだ」[58]。

一九九〇年代は学校を「心の居場所」にするために「人間愛」が重視されたが、現在は「測定ツール」が重視されている。「測定ツール」を用いて教育現場に介入しなければ学校は変わらないという文部科学省の諦観であるとも考えられるが、子どもとの関係性を日々の実践のなかで教員一人ひとりが省察するという発想は見られない。奥地が一九八〇年代前半に強調した子どもとの関係性は、今日においてこそ重要なものとなっている。

註

(1)田中佑弥「フリースクール開設以前の奥地圭子の教育観――『ひと』における「母親教師」としての記述に着目して」『臨床教育学論集』十号、二〇一八年。香川七海「一九七〇～八〇年代の「女教師問題」と民間教育研究運動のなかの女性教師――奥地圭子と鳥山敏子の所論に着目して」『子ども社会研究』二七巻、二〇二一年。
(2)香川七海「戦後教育史における「教育の現代化」から総合学習・オルタナティブ教育への連続性――奥地圭子と鳥山敏子の授業実践を起点として」『教育社会学研究』一〇七集、二〇二〇年。
(3)同上、六四頁。
(4)同上、六四頁。
(5)表1を参照。なお一部記事は『ひと』掲載時の執筆者名は「奥山時子」となっているが、奥地の初の単著に所収されている。この経緯については田中前掲論文を参照。
(6)田中、前掲論文。
(7)南出吉祥「フリースクールの位置づけをめぐる教育実践運動の課題」『〈教育と社会〉研究』二六号、二〇一六年。
(8)宗像誠也「教育政策と教育運動」宗像誠也ほか『教育学概論Ⅱ』岩波書店、一九六一年、二三〇頁。
(9)広瀬隆雄「教育運動に関する一考察――〈新しい教育運動〉の分析を中心にして」『東京大学教育行政学研究室紀要』九号、一九八九年、九-十頁。
(10)大槻健『戦後民間教育運動史』一九八二年、あゆみ出版。
(11)教育科学研究会は、一九三七年に結成し、一九四一年に解散、一九五二年に教育科学研究全国連絡協議会として再建され、一九六二年に教育科学研究会に改称された。大槻前掲書、七六-七七頁を参照。
(12)座談会「明日の授業を創るために――戦後教育の流れを検討する」『ひと』一九八四年八月号。司会は芳賀直義、参加者は伊東信夫、奥地圭子、木幡寛、山住正己、編集部である。
(13)同上、九頁。座談会参加者である「編集部」の発言。
(14)同上、三頁。数教協は数学教育協議会の略称である。
(15)田中、前掲論文。
(16)奥地圭子『女先生のシンフォニー――「いのち」を生み、育てる』太郎次郎社、一九八二年、三一六頁。
(17)同上、三一七頁。なお国立国会図書館に所蔵されている奥地の最も古い文献は『教育』十九巻三号（一九六九年）掲載の「社会科教育――社会科における自主編成の前進」であり、これは教育科学研究会一九六八年度箱根大会の部会報告である。

(18)奥地、前掲書、三一八頁。
(19)前掲座談会、四頁。
(20)前掲座談会、四-五頁。
(21)前掲座談会、五頁。登校拒否であった奥地の子どもは一九八〇年に国立国府台病院を受診し、奥地は同院で開催されていた自助グループに参加した。田中佑弥「学校に行かない子どもに関する認識と対応の変容過程――一九六〇～一九八〇年代を中心に」武庫川女子大学大学院臨床教育学研究科博士論文、二〇二〇年、四章を参照。
(22)前掲座談会、八頁。奥地が言及している「タイル」は遠山啓が主唱した水道方式で用いられる教具であり、『わかるさんすう』(麦書房、一九六五年初版)は遠山が監修した教科書である。
(23)前掲座談会、十五頁。
(24)前掲座談会、九頁。
(25)前掲座談会、十六頁。
(26)特別活動の記録(劇発表、新聞づくり、読書活動、給食、朝の会での折紙づくり)、教室の様子を短く伝える連載「教室寸描」を除く。
(27)香川七海「戦後教育史における「教育の現代化」から総合学習・オルタナティブ教育への連続性」『教育社会学研究』一〇七集、二〇二〇年。
(28)一九八〇年代前半に奥地が授業記録において強調するようになった子どもとの関係性をより詳細に明らかにするためには、それ以前の授業記録を検討する必要があるだろうが、一九八〇年以前の授業記録は公刊されていない。授業記録とは性質が異なるが、特別活動の記録は一九七〇年代の『ひと』に掲載されている(表一参照)。これらに着目することにより、一九七〇年代の奥地の子どもとの関係性についての認識を検討することも可能であろうが、この点については今後の課題としたい。
(29)香川、前掲論文、五四頁。『ひと』には鳥山敏子や木幡寛による川についての授業の記録も掲載されている。鳥山敏子「ひとと水」『ひと』一九八一年四月号。木幡寛「水と緑と土、そして人間――その一・むかしの堤防、いまの堤防」『ひと』一九八二年七月号。木幡寛「水と緑と土、そして人間――その二・都市河川の氾濫から水害を考える」『ひと』一九八二年九月号。木幡寛「水と緑と土、そして人間――その三・ダムと都市と人間」『ひと』一九八二年十一月号。
(30)木幡寛「水と緑と土、そして人間――その一・むかしの堤防、いまの堤防」『ひと』一九八二年七月号。小林富江「「武士のおこり」を教える――地域を扱った歴史の授業を創りだすまで」『ひと』一九八二年七月号。
(31)児童Kは原著では、あだ名で記載されているが、個人情報保護のためイニシャル表記とした。引用文中のあだ名も「K」に変更した。他の子どもの名前は原著でもイニシャル表記になっている。
(32)奥地圭子「川と人間――川のたび・小学校四年の実践」『ひ

と』一九八二年七月号、十五頁。
(33)同上、十五-十六頁。
(34)同上、十六頁。
(35)同上、十五頁。
(36)同上、十六頁。
(37)同上、十六頁。
(38)「川と人間」が掲載されたのは『ひと』一九八二年七月号であるが、田中前掲論文(「フリースクール開設以前の奥地圭子の教育観」)が指摘しているように、その前号に掲載された書評において奥地は公刊物で初めて登校拒否を論じており、これ以降に登校拒否について精力的に論じるようになる。このような変化が奥地の授業記録に影響を与えている可能性も考えられる。
(39)奥地圭子「川と人間」『ひと』一九八二年七月号、二六頁。
(40)同上、二六-二七頁。
(41)同上、三〇頁。
(42)同上、二七頁。
(43)個別の配慮がなされる場合もあるだろうが、個別の配慮を要さない児童生徒を主たる対象として授業は進められ、個別の配慮は特別支援教育担当者等に委ねられることが多いであろう。
(44)生活綴方においては書き手である子ども一人ひとりの個人的状況が重視されてきたように、すべての民間教育運動が児童生徒の個人的状況を軽視してきたわけではない。
(45)『ひと』一九八四年五月号掲載の全国「ひと塾」参加案内を参照。
(46)『ひと』一九八五年一月号の「フォト・レポート①」を参照。
(47)高江洲敏光「「生命の歴史・地球と人間」の授業を見て」『ひと』一九八五年二月号。
(48)授業は三部から成り立っており、「パートⅠは、生命の歴史をふりかえるなかで、人類は、数えきれないほどの生命のつみ重ねの最後に出現した、まだ新顔の存在だということ、パートⅡでは、人間は衣食住、呼吸などすべての面で、ほかの生命の支えがあってこそ生きていられるということ、パートⅢでは、その人類が、いまや、〝核〟という地球の生命を全滅させることができる危険性をもったということ、を内容としている」(奥地圭子「授業・かけがえのない、この〝いのち〟——生命の誕生・地球と人間」『ひと』一九八五年二月号、二二頁)。
(49)奥地圭子「授業・かけがえのない、この〝いのち〟」『ひと』一九八五年二月号、三五頁。夏休みに研究授業への参加を求められた子どもの眼から、奥地が子どもの気持ちを読み取った背景には、登校を嫌がる自身の子どもの眼を見つめてきた経験があるとも考えられる。
(50)高江洲、前掲論文。
(51)奥地圭子「授業・かけがえのない、この〝いのち〟」『ひと』一九八五年二月号、三五頁。
(52)同上、三六-三七頁。

(53)同上、三七頁。

(54)仁平典宏「教育社会学――アクティベーション的転回とその外部」『教育学年報』十一号、二〇一九年。

(55)フリースクールがどのような場であったかについては、朝倉景樹『登校拒否のエスノグラフィー』（彩流社、一九九五年）を参照。

(56)ＣＯＣＯＬＯプランの正式名称は「誰一人取り残されない学びの保障に向けた不登校対策」である。ＣＯＣＯＬＯはComfortable, Customized and Optimized Locations of learning の頭文字を取ったものである。同プランについては文部科学省のウェブサイト「誰一人取り残されない学びの保障に向けた不登校対策（ＣＯＣＯＬＯプラン）について」を参照。
https://www.mext.go.jp/a_menu/shotou/seitoshidou/1397802_00005.htm

(57)学校不適応対策調査研究協力者会議『登校拒否（不登校）問題について――児童生徒の「心の居場所」づくりを目指して』文部省、一九九二年、十八頁。

(58)『読売新聞』二〇二三年四月六日、東京朝刊十面。

表1 『ひと』における奥地圭子執筆記事（単著）および参加座談会

巻　号	表　題
8号（1973年9月号）	おり紙の実践（上）――小学3年生のおりがみ先生
9号（1973年10月号）	おり紙の実践（下）――小学3年生のおりがみまつり
11号（1973年12月号）	座談会　母親として、教師として
14号（1974年3月号）	一年間でなにをしたか
36号（1976年1月号）	給食の時間――班対抗リレーとくだものの皮むき
42号（1976年6月号）	母親教師って、いいわよ
76号（1979年4月号）	訪中感想記（前編）――中日の教育交流をめざして
77号（1979年5月号）	訪中感想記（後編）――中日の教育交流をめざして
81号（1979年9月号）	子どもたちと〝原爆〟の創作劇をつくる――「さびたミシン」上演まで
83号（1979年11月号）	子どもを生かす評価を求めて――その改革のための足どり
83号（1979年11月号）	公開編集会議報
92号（1980年8月号）	えんぴつができるまで――どれだけの人手が必要か
105号（1981年9月号）	教室寸描――畳を教室に敷いてみたら
106号（1981年10月号）	とびらのことば
106号（1981年10月号）	教室寸描――教室のなかのダンボールの家
107号（1981年11月号）	教室寸描――読みきかせからの発展
108号（1981年12月号）	子ども新聞活動――このおもしろきもの
109号（1982年1月号）	教室寸描――なぞなぞくん
110号（1982年2月号）	教室寸描――みごとな切り絵の世界
111号（1982年3月号）	教室寸描――足もとに土があった
112号（1982年4月号）	教室寸描――子どもがつくる学級通信
113号（1982年5月号）	教室寸描――子どもが変わるとき
114号（1982年6月号）	教室寸描――内言帳
114号（1982年6月号）	私のすすめたい本――菅龍一『善財童子ものがたり』
115号（1982年7月号）	川と人間――川のたび・小学校4年の実践
116号（1982年8月号）	教室寸描――いのちを考える
117号（1982年9月号）	教室寸描――食べ放題の街
118号（1982年10月号）	「いのち」育てとしての教育
122号（1983年2月号）	〝いのち〟のとうとさを教える
123号（1983年3月号）	座談会　子どもも育ち、親も育つ――幼児教育をめぐって
125号（1983年5月号）	この教育状況のもとで、授業をつくるとは
126号（1983年6月号）	自分はどこから生まれたの――ぼくとわたしの生命のはじまりは
129号（1983年9月号）	座談会　なぜ学校に行かなくてはいけないの？――登校拒否体験を語る
130号（1983年10月号）	とびらのことば
131号（1983年11月号）	とびらのことば
132号（1983年12月号）	子どもを本好きにする作戦――教室のなかの子どもランド・子ども図書館
133号（1984年1月号）	中学校・この現実に言いたいこと――小学校教師から
137号（1984年5月号）	「おしっこといのち」の授業
140号（1984年8月号）	座談会　明日の授業をつくる座標を求めて――戦後教育の流れを検討する
146号（1985年2月号）	授業・かけがえのない、この“いのち”――生命の誕生・地球と人間
148号（1985年4月号）	子どもが学校を棄てはじめた
152号（1985年8月号）	いま、なぜ公立学校の教師をやめたか
170号（1987年2月号）	子どもたちが安らげる居場所とは――［てい談］居場所さえあれば、子どもはみずから育つ
238号（1992年10月号）	登校拒否、いま、何が問題か――ソフトな強制登校の新段階

学会年報『社会文化研究』投稿・編集規約

（二〇一八年一二月八日改正）

1 『社会文化研究』の性格

①『社会文化研究』は学会機関誌として、研究活動の成果を掲載する。

②研究領域は「社会文化および関連分野の研究や普及」に関するものとする。

③編集方針は、『社会文化研究』の主旨に沿い、また「新しい多元的・創造的な社会文化形成」に寄与する方向に沿って年度ごとに決定する。

④発行は年一回とする。

2 投稿の資格

①投稿の資格を有する者は、投稿申し込み時点で社会文化学会会員であること。

②投稿申し込み時点で、当該年度の会費を納入済みであること。

③前年度に投稿論文等が掲載されていない者。

3 投稿の申し込み・受付

①投稿希望者は、3月末までに編集委員会に投稿申し込みを行う。

②申し込み時に、原稿の種類、仮題、内容の概略（400字程度）を添えておくこと。

③投稿の締め切りは、5月10日とする。

4 投稿の条件

①原稿は『社会文化研究』の主旨に沿ったものとする。

②本誌に発表する論文等は、他に未発表のものに限る。

③原稿の種類は「論文」「研究ノート」「翻訳」「実践報告」「調査報告」「資料紹介」「書評論文」、その他編集委員会が認めたものとする。

5 原稿の分量

①原稿の資料・分量は次のとおりとする。注や参考文献、図表も字数に含める。

論文・研究ノート・翻訳――40字×40行×13枚以内

実践報告・調査報告・資料紹介・書評論文――40字×40行×8枚以内

6 原稿提出方法

①原則としてメールの添付ファイルで提出すること。

②原稿はできるだけWｏｒｄファイルで提出すること。Wｏｒｄファイルを使用しない場合は、テキストファイルで提出すること。

③原稿提出の際には、原稿の種類を明記し、現住所、電話、Eメールアドレスを付記する。

7 審査の公正を期するための投稿上の注意

①原稿には氏名、所属等を記入しないこと。

②本文中に投稿者名が判明するような記述を行わないこと。

8 投稿原稿の審査および掲載の採否

投稿された原稿は、編集委員会が委嘱した査読者2名が投稿論文審査規約に基づき審査を行う。その結果を経て、編集委員会が原稿掲載の採否を決定し、投稿者に通知する。

9 投稿規約の改正

本規約の改正は総会において決定される。

【入会・論文投稿上の注意】

●学会に入会し会員になるための諸手続き

①入会申込書の送付

②運営委員会での入会審査・承認（2～3週間ほどの期間を要します）

③入会承認の連絡後、当該年度の会費を納入

★①②③がすべて整った段階で「会員」としての資格・権利が発効することになりますので、学会誌投稿や全国大会自由論題発表に合わせて入会をご検討されている方は、遅くとも申し込みの一カ月前までには入会申し込み手続きを開始しておいていただけるよう、よろしくお願いします。

編集後記

今号は、「生活実践に根差した政策と社会文化」と題し、市民・行政双方からの「まちづくり」が多面的・重層的に展開されている大阪・釜ケ崎の動きに焦点を当てた論稿をまとめました。各種社会文化活動は、けっして人畜無害なものではありえず、相応の社会的・政治的背景や影響力を帯びてきます。その部分を捨象して、表層的な「華やかさ」(あるいは「成果」)のみで彩られる政策も散見される昨今ではありますが、「捨象する」こと自体の政治性もそこに垣間見ることができます。

◆

「実践」と「政策」とは、それぞれ立脚する原理が異なるため、ズレや軋轢が生じる場面は多岐にわたります。現場の実践を支えるために取られた施策が、結果として実践の潜勢力を削いでいく方向へと帰結するという場面は枚挙に暇がありませんし、実践の多様性を管理・統制する目的で政策(制度化)が打たれる場合もあります。大阪における「まちづくり」の各種施策は、その評価をめぐって大きな論争状況にありますが、本特集では「社会文化」という視点から、それら論争に一石を投じるものとなっています。

◆

投稿論文について、掲載までに至ったものは3本にとどまりましたが、他にも魅力的・刺激的な論文が多数応募されています。編集委員の立場でそれら論稿(および査読者によるコメント)を読ませていただくなかで、本当にたくさんの学びの機会をいただいています。

専門分化された特定分野の学会に属しているだけでは、あまり触れることのない多様な観点・対象を扱った論文が並ぶのが、本学会の大きな魅力の一つです。

投稿論文の形式だけでなく、大会の自由論題や部会活動など、会員相互の研究交流を深めていく機会は多様に開かれています。さらに近年は、オンライン環境の整備に伴い、地理的制約を超えた交流・討議の場もつくりやすくなっています。そうした機会を最大限に活用しながら、社会文化研究を今後いっそう活性化していければと願っておりますので、ぜひ協力のほど、よろしくお願いいたします。

(南出吉祥)

執筆者一覧（掲載順）
大関雅弘（四天王寺大学）
水内俊雄（大阪市立大学）
上田假奈代（NPO法人こえとことばとこころの部屋代表）
中西美穂（大阪人間科学大学ほか）
加野　泉（名古屋工業大学）
野村恭代（大阪公立大学）
雨森直也（大理大学）
古川直子（長崎総合科学大学）
田中佑弥（山口短期大学）

社会文化研究　第26号（年報）

2024年3月10日　発行　　定価　本体1,800円（税別）
編集　『社会文化研究』編集委員会
〒501-1193　岐阜市柳戸1-1
岐阜大学 地域科学部　南出研究室
TEL　058-293-3313
振替：00980-1-135128　社会文化学会
発行　社会文化学会
発売　株式会社　晃洋書房
〒615-0026　京都市右京区西院北矢掛町7
TEL　075-312-0788　FAX　075-312-7447
振替：01040-6-32280

ISBN 978-4-7710-3848-6
ISSN 1884-2097